Mein Mark Twain

(aus „Literarische Freunde und Bekannte“)

William Dean Howells

Writat

Diese Ausgabe erschien im Jahr 2024

ISBN: 9789359944777

Herausgegeben von
Writat
E-Mail: info@writat.com

Inhalt

ICH.

In dem kleinen Büro von James T. Fields über der Buchhandlung Ticknor & Fields in der Tremont Street 124 in Boston traf ich zum ersten Mal meinen Freund Samuel L. Clemens, mit dem ich nun schon seit 44 Jahren befreundet bin. Mr. Fields war damals Herausgeber des Atlantic Monthly und ich war sein stolzer und fröhlicher Assistent, mit ziemlich freier Hand bei den Manuskripten und uneingeschränkter Kontrolle über die Buchbesprechungen am Ende der Zeitschrift. Ich habe fast alle selbst geschrieben und 1869 hatte ich eine ziemlich lange Besprechung eines Buches geschrieben, das gerade allgemeine Anerkennung fand. In dieser Besprechung hatte ich meine Vorbehalte gegenüber „Innocents Abroad" angedeutet, aber ich hatte das Glück, wenn nicht den Verstand, zu erkennen, dass es so viel Spaß machte wie nie zuvor. Ich habe vergessen, was ich genau zu seinem Lob gesagt habe, und es spielt auch keine Rolle; es reicht, dass ich es genug gelobt habe, um den Autor zufriedenzustellen. Das meinte er jetzt auch und prägte mir seine Dankbarkeit mit einer Geschichte ein, die die Situation wunderbar allegorisch verdeutlichte und die ich aus geheuchelter Bescheidenheit hier nicht wiederholen darf. Während meiner langen Bekanntschaft mit ihm erlaubte sich sein grafischer Stil stets eine Freiheit, die ich mit meinem blasseren Stift nicht illustrieren kann. Er besaß eine Ausdrucksweise im südwestlichen, lincolnischen und elisabethanischen Stil, die man wohl nicht grob nennen sollte, ohne sich selbst als prüde zu bezeichnen; und ich versteckte oft die Briefe, in denen er seiner kühnen Fantasie freien Lauf gelassen hatte, sich auf vulgäre Andeutungen einzulassen, in diskreten Löchern und Ecken; ich konnte es nicht ertragen, sie zu verbrennen, und nach dem ersten Lesen konnte ich es nicht ganz ertragen, sie anzusehen. Ich kann meine Meinung zu diesem Punkt am besten dadurch zum Ausdruck bringen, dass er darin Shakespeareaner war, oder, wenn sein Geist mir dieses Wort nicht gestattet, dann Baconianer.

Als wir uns das erste Mal trafen, es muss schon gegen Winter gewesen sein, trug Clemens (wie ich ihn nennen muss, statt Mark Twain, was ihn für mich irgendwie immer vor meinem persönlichen Empfinden zu verbergen schien) einen Robbenfellmantel mit offenem Pelz, aus Befriedigung einer Laune oder aus Liebe zu starken Effekten, der er sein Leben lang nachzugeben pflegte. Ich weiß nicht, welchen drolligen Kommentar Fields zu diesem Kleidungsstück im Sinn hatte, aber wahrscheinlich hatte er das Gefühl, dass es sich hier um ein Original handelte, dessen lebhafte Qualitäten man in kein Bostoner Buch einordnen konnte. Mit seinem dichten roten Haarschopf und dem breiten Schwung seines flammenden Schnurrbarts war Clemens in diesem Robbenfellmantel nicht unpassend gekleidet, der mir später, trotz seiner eigenen Wärme darin, kalte Schauer über den Rücken jagte, als ich ihn einmal den Broadway hinunter begleitete und die enorme Publizität teilte, die er ihm einbrachte. Er hatte immer eine Vorliebe für persönliche Wirkung, die sich in dem weißen Anzug aus reinem Serge ausdrückte, den er in seinen letzten Jahren trug, und in dem Oxford-Kleid, das er zu jeder möglichen Gelegenheit anzog und das er, wie er sagte, am liebsten immer tragen würde. Das war keine Eitelkeit in ihm, sondern ein ausgeprägtes Gespür für Kleidung, die die Strenge unserer modernen Schneiderkunst Männern verbietet, obwohl sie Frauen darin bis zum Äußersten schmeichelt; doch er genoss auch den Schock, die Beleidigung, den Schmerz, den es den Gefühlen anderer zufügte. Dann gab es Zeiten, in denen er diese Streiche aus reinem Spaß und zum Vergnügen des Zeugen spielte. Einmal erinnere ich mich, wie er in einem Paar weißer Kuhfellpantoffeln und mit offenem Haar in sein Wohnzimmer in Hartford kam und zur Freude aller Zuschauer einen verkrüppelten farbigen Onkel spielte. Oder, ich darf nicht sagen, alle, denn ich erinnere mich auch an die Bestürzung von Mrs. Clemens und ihren leisen, verzweifelten Schrei: „Oh, Jugend!“ So nannten sie ihn unter ihren Freunden, und es passte wie kein anderes zu ihm, obwohl ich mir einbildete, dass es bei ihr eine Abkehr von seinem Taufnamen Samuel oder dem volkstümlichen Sam seiner früheren Kameraden war. Er war bis ans Ende seiner Tage ein Jüngling, das Herz eines Jungen mit dem Kopf eines Weisen; das Herz eines guten Jungen oder eines bösen Jungen, aber immer ein eigensinniger Junge, und er war immer der eigensinnigste, der sich zu jeder Zeit als der Junge zu entpuppen versuchte, der er war .

II.

In meinen Erinnerungen an Clemens klafft eine Lücke, die, glaube ich, ein oder zwei Jahre beträgt, denn das nächste, woran ich mich von ihm erinnere, ist eine Begegnung mit ihm bei einem Mittagessen in Boston, das uns der Genie der Gastfreundschaft, der vom tragischen Schicksal verfolgte Ralph Keeler, der Autor eines der zu Unrecht vergessenen Bücher, „Vagabond Adventures“, eine wahre Schelmen-Autobiographie, einbrachte. Keeler hatte, soweit allgemein bekannt ist, nie Geld, und er lieh sich auch nie Geld, und er konnte in dem Restaurant, in das er uns einlud, auf seine Kosten zu speisen, keinen Kredit gehabt haben. Da war TB Aldrich, da war JT Fields, der mit Abstand Älteste in unserer Gesellschaft, der sich gerade von den Fesseln des Verlagsgeschäfts befreit hatte und seine Freiheit in jedem Wort spürte; da war Bret Harte, der vor kurzem auf seinem fürstlichen Weg von Kalifornien nach Osten gekommen war; und da war Clemens. Von dieser glücklichen Zeit bleibt mir nichts als ein Gefühl müßigen, ziellosen und freudigen Plauderns, das nirgendwo begann und endete, eifriges Lachen, unzählige gute Geschichten von Fields, ein blitzartiger Schimmer von Witz von Aldrich, eine gelegentliche Konzentration unserer gemeinsamen Verspottungen unseres Gastgebers, der sie gerne hinnahm; und inmitten des Gesprächs, das so wenig bereichernd, aber so voller guter Kameradschaft war, erhellt Bret Hartes flüchtige Dramatisierung von Clemens' geistiger Einstellung gegenüber einem Symposium in Boston. „Aber, Jungs“, stammelte er, „das ist der Traum von Marks Leben“, und ich erinnere mich an den Blick unter Clemens' federleichten Augenbrauen, der verriet, wie sehr er den Spaß genoss. Wir aßen Beefsteak mit Pilzen, die Aldrich in Anerkennung ihrer Form als Schuhklammern bezeichnete, und als Krönung des Festmahls gab es eine Omelett- Sauce, die der Kellner flach wie einen Pfannkuchen brachte, während wir dem armen Keeler gratulierten, der sie mit anerkennender Unterwürfigkeit entgegennahm. Es war in jeder Hinsicht das, was ein Bostoner Literaturmittagessen nach dem populären Ideal, das Harte Clemens zuschrieb, nicht hätte sein sollen.

Unser nächstes Treffen war in Hartford, oder besser gesagt in Springfield, wo uns Clemens auf dem Weg dorthin begrüßte. Aldrich sollte sein Gast sein und ich Charles Dudley Warners, aber Clemens hatte einen Teil des Weges zurückgelegt, um uns beide willkommen zu heißen. In der guten Kameradschaft dieser herzlichen Nachbarschaft verbrachten wir zwei Tage, an denen die alternde Sonne nicht mehr auf ihre Runde scheint. Wir liefen ständig in freundliche Häuser hinein und wieder hinaus, wo die lebhaften Gastgeber und Gäste sich gegenseitig mit ihren Vornamen oder Spitznamen ansprachen, und es gab keine solche eitle Zeremonie wie Klopfen oder Klingeln an Türen. Clemens baute damals das stattliche Herrenhaus, in dem er seine Liebe zur Pracht befriedigte, als wäre es ein weiterer Mantel aus Robbenfell, und er war auf dem Höhepunkt des Wohlstands, der es ihm ermöglichte, jeder Laune oder Extravaganz nachzugeben. Das Haus war der Entwurf jenes höchst originellen Künstlers, Edward Potter, der einmal, als er aus unfähiger Neugier nach dem Namen seines Stils in einer bestimmten Kirche gedrängt wurde, vorschlug, es sollte die englische violette Ordnung der Architektur heißen; und dieses Haus passte so perfekt zum Humor des Besitzers, dass es vermutlich nie ein anderes Haus wie dieses gab; aber sein Charakter muss später in diesen Erinnerungen wiedererkennbar sein. Der lebhafteste Eindruck, den Clemens uns zwei ausgehungerten jungen Bostoner Autoren machte, war der der befriedigenden, übersättigenden Natur der Subskriptionsveröffentlichung. Eine Armee von Agenten überschwemmte das Land mit den Prospekten seiner Bücher und lieferte sie zu Zehntausenden im abgeschlossenen Verkauf aus. Über „Innocents Abroad" sagte er: „Es verkauft sich wie die Bibel", und „Roughing It" folgte schnell, ohne es vielleicht jemals an Popularität ganz zu überholen. Aber er belehrte Aldrich und mich über die Torheit dieser Art der Veröffentlichung in dem Gewerbe, in dem wir geglaubt hatten, es sei der größte Erfolg, in dem man eine Chance haben könne. „Alles außer der Subskriptionsveröffentlichung ist Drucken für den privaten Umlauf", behauptete er, und er gewann unsere Gier und Hoffnung so sehr, dass wir auf dem Rückweg nach Boston die gemeinsame Autorenschaft eines für die Subskriptionsveröffentlichung geeigneten Bandes planten. Wir haben dafür, wie wir glaubten, in „Memorable Murders" einen sehr guten Namen bekommen, und sind damit nie weitergekommen. Als wir jedoch Boston erreichten, schwamm wir so sehr im Reichtum, dass wir kaum noch auf die sparsame Art nach Hause gehen konnten, mit der wir, wie wir immer noch dachten, das Autogeld sparen konnten. An Kutschengeld dachten wir selbst bei diesem Reichtum nicht einmal im Traum.

III.

Die Besuche in Hartford, die mit diesem Wohlstand begonnen hatten, gingen weiter, ohne dass mein Reichtum wirklich zunahm, aber jetzt ging ich allein, und während Warners Abwesenheit in Europa und Ägypten gewöhnte ich mir an, zu Clemens zu gehen. Zu dieser Zeit war er in seinem neuen Haus, wo er mir ein königliches Zimmer im Erdgeschoss zuwies und abends hereinkam, wenn ich zu Bett gegangen war, um die Alarmanlage auszuschalten, damit die Familie nicht aufgeschreckt würde, wenn jemand versuchte, durch mein Fenster einzubrechen. Das geschah, nachdem wir lange aufgeblieben waren, er die letzten seiner unzähligen Zigarren rauchte und seine angespannten Nerven mit einem milden heißen Scotch beruhigte, während wir beide redeten und redeten und redeten, über alles im Himmel und auf der Erde und die Wasser unter der Erde. Nach zwei Tagen dieser Gespräche fühlte ich mich hohl und verstand mich am besten in dem Bild einer dieser Heuschreckenschalen, die man am Ende des Sommers an der Rinde der Bäume kleben findet. Einmal, nach einem solchen Gedankenaustausch, fuhren wir zusammen nach New York und saßen uns im Pullman-Smoker gegenüber, ohne ein Wort zu sagen, bis wir Gelegenheit hatten zu sagen: „So, da sind wir." Dann, als wir in einem inzwischen verschwundenen Hotel (genauer gesagt dem alten Brunswick) untergebracht waren, begann das Gespräch wieder, inspiriert von der neuen Umgebung, und ging immer weiter. Wir wollten schlafen, aber wir konnten nicht aufhören, und er schlenderte in dem langen Nachthemd, das er immer dem Pyjama vorzog, den er verabscheute, durch die Zimmer und erzählte die Geschichte seines Lebens, die unerschöpfliche, die märchenhafte Geschichte aus Tausendundeiner Nacht, die mir nie langweilig wurde, selbst wenn ich sie immer wieder erzählen musste. Oder manchmal argumentierte er hochtrabend –

„Von Vorsehung, Vorauswissen, Wille und Schicksal,
Festgelegtes Schicksal, freier Wille, absolutes Vorherwissen,"

Er ging auf und ab, blieb ab und zu stehen und warf und neigte gekonnt seinen zotteligen Kopf, wenn ihm ein kühner Gedanke oder ein großartiger Witz einfiel.

Er besuchte damals regelmäßig die Kirche seines großen Freundes, des Reverends Joseph H. Twichell , und war zumindest stillschweigend weit entfernt von der völligen Verneinung, zu der er schließlich gelangte. Ich sollte sagen, er hatte die Gründe für seine passive Akzeptanz des Glaubens seiner Frau kaum untersucht, denn es war ihrer und nicht seiner, und er hielt ihn unerforscht in der schönen und zärtlichen Treue zu ihr, die die ergreifendste Eigenschaft seiner treuesten Seele war. Ich erlaube mir, von der Liebe zwischen ihnen zu sprechen, denn ohne sie könnte ich ihn anderen nicht so bekannt machen, wie ich ihn kannte. Sie machte einen größeren Teil von ihm aus als die Liebe der meisten Männer zu ihren Frauen, und durch ihre überragende Kraft und Charakterschönheit verdiente sie alle Verehrung, die er ihr entgegenbringen konnte, alle Hingabe, allen bedingungslosen Gehorsam. Sie war in gewisser Weise der liebenswerteste Mensch, den ich je gesehen habe, die sanfteste, die freundlichste, ohne einen Anflug von Schwäche; sie vereinigte wunderbares Taktgefühl mit wunderbarer Wahrheit; und Clemens akzeptierte ihre Regel nicht nur bedingungslos, sondern er freute sich, er schwelgte darin. Ich bin nicht sicher, ob er all ihre Güte in den Handlungen bemerkte, die sie für andere zu einer himmlischen Vision machten, so sehr war er an ihre Güte gewöhnt; aber wenn sich irgendein verlassenes und hilfloses Geschöpf im Raum befand, war Mrs. Clemens irgendwie sofort an seiner oder ihrer Seite; sie suchte immer nach Gelegenheiten, denen in ihrem Haushalt oder außerhalb Freundlichkeit zu erweisen; sie liebte es, ihr Herz über die Reichweite ihrer Hand hinausgehen zu lassen und stellte sich die ganze harte und leidende Welt mit Mitgefühl für ihre strukturellen wie auch zufälligen Ungerechtigkeiten vor. Ich nehme an, sie hatte ihre Grenzen als Dame , ihre weibliche Angst vor Etikette und Konvention, aber sie ließ nicht zu, dass sie die wilde und großartige Großzügigkeit behinderten, mit der Clemens gegen die gesellschaftlichen Dummheiten und Grausamkeiten rebellierte. Sie war ihr ganzes Leben lang eine Invalidin gewesen, als er sie kennenlernte, und er erzählte die schöne Geschichte ihrer Brautwerbung gern jedem neuen Freund, der seiner Ansicht nach in der Lage war, ihre Schönheit zu spüren oder der es wert war, sie zu hören. Natürlich hatte ihr Vater gezögert, sie in die Obhut des jungen, seltsamen Westlers zu geben, der mit seinem riesigen Ruf als Burlesque-Humorist aus dem Unbekannten aufgestiegen war und Garantien und Beweise verlangte. „Er fragte mich", sagte Clemens, „ob ich ihm nicht die Namen von Leuten nennen könne, die mich in Kalifornien kannten, und als es an der Zeit war, von ihnen zu hören, hörte ich von ihm . , Nun, Mr. Clemens', sagte er, ‚scheint niemand ein gutes Wort für Sie zu haben.' Ich hatte ihn nicht an Leute verwiesen, von denen ich dachte, sie würden mich reinwaschen. Ich dachte, es sei alles vorbei mit mir, aber ich wurde enttäuscht. ‚Also werde ich Sie wohl selbst unterstützen müssen.'"

Ob ihn das dazu brachte, dem in ihn gesetzten Vertrauen treuer zu sein, kann ich nicht sagen, aber wahrscheinlich nicht; es war immer seine Art, jedem Vertrauen treu zu sein, und in dem Maße, wie sein eigenes Vertrauen missbraucht wurde, reagierte er rücksichtslos und unversöhnlich nachtragend. Aber ich möchte jetzt vom Glück dieses Haushalts in Hartford sprechen, der den Idealen der Mutter so vollkommen entsprach, als die drei Töchter, so lieb und so begabt, noch kleine Kinder waren. Es hatte einen Jungen gegeben, und „Ja, ich habe ihn getötet", sagte Clemens einmal mit der schonungslosen Selbstvorwürfe, in die er vergebliches Bedauern auslöste. Er meinte, er habe das Kind unvorsichtigerweise mitgenommen, und das Kind habe sich die Erkältung zugezogen, an der es gestorben sei, aber es war keineswegs sicher, dass dies durch die Unvorsichtigkeit seines Vaters geschehen war. Ich habe ihn nie von seinem Sohn sprechen hören, außer einmal, aber in seinem tiefsten Herzen war sein Verlust zweifellos unwiederbringlich gegenwärtig. Er war ein sehr liebevoller Vater und hatte Freude an den Gedanken seiner Kinder, aber er war weise genug, ihre Erziehung ganz der Weisheit ihrer Mutter zu überlassen. Er überließ ihnen alles und behielt sich das Vergnügen vor, ihnen kleine Theaterszenen beizubringen, mit ihnen Sprachen zu lernen und sie beim Singen anzuleiten. Sie kamen mit ihren Eltern zu Tisch und hätten ihm ein Beispiel in Sachen Verhalten geben können, wenn er in Momenten höchster Aufregung seinen Platz verließ und im Zimmer auf und ab ging, seine Serviette wedelnd und redend.

Ich besuchte ihn nach seinem ersten Aufenthalt in England, und er lobte damals alles Englische: die persönliche Unabhängigkeit und den Gemeinsinn der Engländer, die Gastfreundschaft und die Wahrheit. Er erzählte gern Geschichten, um ihre Tugenden zu beweisen, aber er war nicht blind für die Mängel ihrer Tugenden: ihre unterwürfige Akzeptanz der Kaste, ihre Gefühllosigkeit gegenüber Fremden, ihre Unverblümtheit untereinander. Mrs. Clemens hatte in gewisser Weise mehr unter sozialen Problemen gelitten als er, und sie lobte die Engländer weniger. Sie saß nach dem Abendessen mit Damen zusammen, die einander brüskierten und ignorierten, und ließen sie sich selbst unterhalten, da ihnen die Aufmerksamkeit fehlte, mit der Amerikaner ihre Gäste vielleicht überhäufen, die sie aber nicht umhin konnte, zu bevorzugen. Ich glaube, dass er während ihrer aufeinanderfolgenden Aufenthalte bei ihnen die Engländer weniger und sie mehr mochte; die große Freude über seine erste Akzeptanz bei ihnen erneuerte sich erst wieder, als er seinen Oxford-Abschluss erhielt; dann ließ er sein Glas überlaufen, und er war froh, dass die ganze Welt es sehen konnte.

Seine Frau wollte die Leidenschaft seiner frühen Anglomanie nicht dämpfen , und in dieser Hinsicht, wie in allem, wollte sie ihm bis zum Äußersten nachgeben. Niemand hätte seine grundlegende Vornehmheit, seine angeborene Vornehmheit besser erkennen können als sie. Ehen sind das, was nur die Partner wirklich wissen, aber von außen betrachtet würde ich sagen, dass diese Ehe eine der vollkommensten war. Sie dauerte in seiner absoluten Hingabe bis zu dem Tag ihres Todes, der lange in grausamem Leiden hinauszögerte und eine Seite von ihm in einer anhaltenden Nacht zurückließ. Aus Florenz kamen herzzerreißende Briefe von ihm zu mir über die Folter, die sie erduldete, und schließlich ein Brief, in dem sie sagte, sie sei tot, mit dem einfältigen Ausruf: „Ich wünschte, ich wäre bei Livius." Ich weiß nicht, warum ich bis jetzt damit gewartet habe, zu sagen, dass sie eine sehr schöne Frau war, mit klassisch regelmäßigen Gesichtszügen, schwarzem Haar, das glatt über ihre Stirn fiel, und zärtlich blickenden, kurzsichtigen Augen, immer hinter einer Brille, und einem Lächeln engelhafter Güte. Doch diese Freundlichkeit ging mit einem Sinn für Humor einher, der sie dazu befähigte, das eigensinnige Genie eines Mannes zu würdigen, der in einer Reihe mit den größten Humoristen aller Zeiten in Erinnerung bleiben wird, mit Cervantes, mit Swift oder mit allen anderen, die seiner Gesellschaft würdig waren; keiner von ihnen war ihm an Menschlichkeit ebenbürtig.

IV.

Clemens hatte sich mit Duldung des Architekten ein luxuriöses Arbeitszimmer über der Bibliothek in seinem neuen Haus eingerichtet, aber als seine Kinder älter wurden, wurde ihnen dieses Arbeitszimmer mit seinen geschnitzten und gepolsterten Sesseln als Schulzimmer überlassen, und er nahm das Zimmer über seinem Stall, das für seinen Kutscher vorgesehen war. Dort pflegten wir miteinander zu reden, wenn wir nicht gerade spazieren gingen und miteinander redeten, bis er entdeckte, dass er das Billardzimmer im Dachgeschoss seines Hauses für Literatur und Freundschaft bequemer nutzen konnte. Es war dort oben im frühen Frühling und Spätherbst, mit dem ich diesen Ort hauptsächlich in Verbindung bringe, ziemlich kalt, aber indem wir alle Gasbrenner anheizten und ein zögerliches Feuer auf dem Kamin entfachten, konnten wir es deutlich über dem Gefrierpunkt halten. Clemens konnte auch die Kugeln herumschieben und ohne Rivalität mit mir, der weder Billard noch Rauch spielen konnte, endlose Billardpartien gewinnen, während er Argumente gegen erdenkliche Meinungsverschiedenheiten vorbrachte . Hier schrieb er viele seiner Geschichten und Skizzen, und ich kenne auch einige seiner Bücher. Ich erinnere mich besonders daran, wie er mir hier seine erste Skizze von Captain Stormfields Besuch im Himmel vorlas, mit dem richtigen Namen des Kapitäns, den ich bereits aus seinen vielen Geschichten über ihn kannte.

Wir hatten ein besonderes Vergnügen, aus den hohen Fenstern auf die hübsche Landschaft von Hartford und von dort auf die Baumwipfel zu blicken, die den Hang schmückten, an dem sein Haus stand. Wir waren uns einig, dass Bäume, die man aus einer solchen Perspektive betrachtet, einen ganz neuen Reiz hatten, der den der weiter entfernten Landschaft bei weitem übertraf. Er war nicht umsonst ein Junge vom Land gewesen; vielmehr war er ein Junge vom Land oder, noch besser, ein Dorfjunge gewesen, wegen allem, was die Natur den jungen Menschen unserer Art bieten kann, und kein Aspekt davon war ihm entgangen. Wir stammten aus demselben riesigen Mississippi-Tal; und Missouri war nicht so weit von Ohio entfernt, dass wir uns in unseren ersten Kenntnissen über Wälder und Felder nicht ähnlich gewesen wären wie in unserer frühen Ausdrucksweise. Ich war meiner Verwendung durch meine größere Bücherwurmerei entwachsen, aber ich erkannte die Ausdrücke, die er verwendete, gern wieder, weil sie so saftig waren und sie lange nach seinem geistigen Gaumen genossen.

Ich habe an anderer Stelle ausreichend über seinen ungekünstelten Wortgebrauch gesprochen, über die Diktion, die das Rückgrat seines männlichen Stils bildet. Wenn ich meine eigene größere Bücherwut erwähne, womit ich seine weniger quantitative Lektüre meine, dann nur, um mir selbst mehr Gelegenheit zu geben, festzustellen, dass er immer ein wichtiges Buch las. Es mochte ein abwegiges Buch sein, aber es enthielt die Wurzel der menschlichen Materie: ein Band über große Prüfungen; eine der größten Autobiographien; eine bedeutende Passage der Geschichte, ein Reisebericht, eine Geschichte der Gefangenschaft, die ihm das Leben aus erster Hand vermittelte. Soweit ich mich erinnere, hielt er nicht viel von Belletristik, und in dieser Art hatte er eine gewisse Abneigung ; es gab bestimmte Autoren, deren Namen er nicht einmal auszusprechen schien, sondern sie vielmehr aus dem Mund zu spucken. Goldsmith war einer von ihnen, aber seine größte Abneigung galt meiner lieben und verehrten Lieblingsautorin Jane Austen . Er sagte einmal zu mir, vermutlich nachdem er einige meiner schonungslosen Lobpreisungen von ihr gelesen hatte – ich lobe sie immer –: „Sie scheinen zu glauben, dass diese Frau schreiben kann", und er verzichtete darauf, mich mit seiner Verachtung zu überziehen, offenbar, weil wir schon so lange befreundet waren und er mich wegen meines schlechten Geschmacks eher bemitleidete als hasste. Er schien keine Vorlieben unter Romanautoren zu haben; oder zumindest hörte ich ihn nie welche äußern. Er las die modernen Romane, die ich lobte, ob gedruckt oder vergriffen; aber ich glaube nicht, dass er gern Romane las. Was Theaterstücke angeht, verabscheute er das Theater und sagte, er würde lieber etwas tun, als einer Handlung auf der Bühne zu folgen. Er konnte oder wollte keine Gründe für seine literarische Abneigung angeben , und vielleicht hatte er wirklich keine. Aber er hätte sehr deutlich sagen können, warum er die Bücher mochte, die er mochte, wenn es nötig gewesen wäre. Ich war zur Zeit seiner großen Leidenschaft für Browning nicht da und weiß hauptsächlich vom Hörensagen davon; aber zu der Zeit tat Tolstoi, was er konnte, um mich zu überzeugen. Clemens schrieb: „Dieser Mann scheint für Sie das gewesen zu sein, was Browning für mich war." Ich weiß nicht, ob er noch andere Lieblingsdichter hatte, aber er hatte Lieblingsgedichte, die er einem gern vorlas, und er las sie natürlich hervorragend. Ich habe vergessen, welches Stück von John Hay ihm so gut gefiel, aber ich erinnere mich, wie er sich wild an der Rachsucht von William Morris' „Sir Guy of the Dolorous Blast" erfreute und wie er besonders die Zeilen schwärmte, die von der Freude des vermeintlichen Sprechers an der Ermordung des Mörders seines Bruders erzählen:

„Ich bin siebzig Jahre alt,
Und mein Haar ist fast grau geworden,
aber ich denke gerne an den Moment zurück, als ich ihm das Leben nahm."

Im Allgemeinen hatte er, glaube ich, keine große Freude an der Poesie, und ich glaube nicht, dass er viel Wert auf die allgemein anerkannten Meisterwerke der Literatur legte. Er fand gern selbst gute und großartige Dinge heraus; manchmal entdeckte er diese in einem Meisterwerk, das nur ihm neu war, und wenn man ihm dann seine Unwissenheit vor Augen führte, genoss er es, und er genoss es umso mehr, je mehr man ihm dies unter die Nase rieb.

Von allen Literaten, die ich kannte, war er in seiner Art und Weise der unliterarischste. Ich weiß nicht, ob er Latein kannte, aber ich glaube, nicht im Geringsten; Deutsch konnte er ziemlich gut und Italienisch im fortgeschrittenen Alter genug, um sich daran zu erfreuen; aber er benutzte Englisch in all seinen fremden Ableitungen, als sei es in seiner eigenen Luft beheimatet, als sei es aus amerikanischem, aus Missouri stammend. Sein Stil war der, den wir kennen, im Guten wie im Schlechten, aber seine Art, wenn ich die beiden unterscheiden darf, war so ganz seine eigene, als hätte noch nie jemand zuvor geschrieben. Ich habe bereits zuvor darauf hingewiesen, dass er nicht der Konsekutivität im Schreiben verfallen war, an die der Rest von uns gefesselt zu bleiben versucht. Das heißt, er schrieb, wie er dachte und wie alle Menschen denken, ohne Reihenfolge, ohne ein Auge darauf, was vorherging oder danach kommen sollte. Wenn ihm etwas einfiel, das über das hinausging, was er sagte, oder etwas anderes, lud er es auf seine Seite ein und ließ es dort so gut zu Hause sein, wie es die Natur des Gesagten zuließ. Wenn er dann mit der Begrüßung dieses zufälligen und unerwarteten Gastes fertig war, kehrte er zu der Gesellschaft zurück, die er bewirtete, und fuhr mit dem fort, worüber er gesprochen hatte. Er beobachtete diese Art beim Bau seiner Sätze und der Anordnung seiner Kapitel und der Ordnung oder Unordnung seiner Zusammenstellungen. – [Nirgendwo findet man dieses Merkmal besser als in Twains „Autobiographie“, es war kein „Stil“, sondern ein unbefangener Gedanke, DW] – Ich half ihm mit einer Bibliothek des Humors, die er einmal herausgegeben hatte, und als ich meine Arbeit gemäß der Tradition erledigt hatte, mit Autoren, Zeiten und Themen, die ich in der richtigen Reihenfolge sorgfältig studiert hatte, riss er alles auseinander und „warf“ die Stücke hinein, wo immer ihm gerade danach war. Er hatte recht: Wir machten kein Lehrbuch, sondern ein Buch, das dem Leser mehr Vergnügen als Belehrung bringen sollte, und er sah nicht ein, warum das Prinzip, auf dem er seine Reisen und Erinnerungen und Geschichten und Romane aufbaute, nicht darauf anwendbar sein sollte; und ich sehe es jetzt auch nicht, obwohl es mich damals verwirrte. In Nebenpunkten hatte er, mehr als jeder andere Autor, den ich kenne, keine Lieblingssätze oder Lieblingswörter. Aus Angst vor Tautologie verachtete er es zutiefst, Wiederholungen zu vermeiden. Wenn ein Wort ihm besser diente als ein Ersatzwort, benutzte er es so oft auf einer Seite, wie er wollte.

V.

Zu dieser Zeit war ich Herausgeber des „Atlantic Monthly“ geworden und hatte Loyalitäten, die mit der Leitung dieser Zeitschrift verbunden waren und immer noch die gewissenhafteste unserer Zeitschriften sind. Als Clemens begann, für sie zu schreiben, unterwarf er sich bereitwillig ihren Regeln, denn trotz all seiner Eigensinnigkeit gab es nie einen gefügigeren Mann in Dingen, für die man ihm einen Grund nennen konnte. Er machte sich nie die geringste Mühe, die dem unglücklichen Herausgeber durch engstirnige Mitarbeiter so häufig entsteht. Wenn man etwas geändert haben wollte, sehr gut , änderte er es; wenn man vorschlug, dass ein Wort oder ein Satz oder ein Absatz besser gestrichen werden sollte, sehr gut, strich er es. Seine Korrekturabzüge kamen jeweils als wahrer „Brei von Zugeständnissen“ zurück, wie Emerson sagt. Ab und zu versuchte er es mit einer etwas stärkeren Sprache, als „The Atlantic“ verkraften konnte, und als ich ihm einmal einen Korrekturabzug schickte, ließ ich ihn darauf hinweisen, dass ich die Schimpfwörter weggelassen hatte. Er schrieb zurück: „Mrs. Clemens öffnete den Korrekturabzug und stürmte mit Gefahr im Blick ins Zimmer. Welche Gotteslästerung? Sehen Sie, als ich ihr das Manuskript vorlas, habe ich das ausgelassen.“ Es war Teil seines Scherzes, die Gewalttätigkeit dieses sanftmütigsten Wesens vorzutäuschen, das die Situation für seine Freunde umso amüsanter wahrnahm.

Ich war immer sehr froh über ihn und stolz auf ihn als Mitarbeiter, aber ich darf nicht das ganze Verdienst oder das erste Verdienst dafür beanspruchen, dass er für uns schrieb. Es war der Verleger, der verstorbene HO Houghton, der die Unstimmigkeit seiner Abwesenheit bei der führenden Zeitschrift des Landes empfand und mich immer drängte, ihn zum Schreiben zu bewegen. Ich werde mir zugutehalten, dass ich mich für ihn einsetzte, aber es gebührt dem Verleger die Ehre, dass er, soweit es die bescheidenen Traditionen des „Atlantic“ erlaubten, versuchte, die Gehaltserwartungen zu erfüllen, die die kolossalen Gewinne von Clemens‘ Büchern natürlicherweise in ihm geweckt haben könnten. Ob er das wirklich konnte, erfuhr er von Clemens selbst nicht, aber wahrscheinlich waren zwanzig Dollar pro Seite für den Autor von Büchern, die sich „wie die Bibel verkauften“, kein Überfluss.

Wir hatten zunächst mehrere kurze Beiträge von Clemens, alle von hervorragender Qualität, und dann hatten wir die Reihe von Aufsätzen, die sich hauptsächlich mit der Entstehung seines großartigen Buches „Leben auf dem Mississippi“ beschäftigten. Insgesamt habe ich den Eindruck, dass Clemens dies für sein bestes Buch hielt, und er wurde in seiner Meinung von der des Portiers in seinem Hotel in Wien und der des deutschen Kaisers unterstützt, die, wie er mir mit gleichem Respekt für die Vorlieben jedes Einzelnen erzählte, sich darin einig waren, es für sein bestes zu halten; da sich so weit auseinander liegende soziale Pole zu seinen Gunsten näherten, hatte er offenbar keinen Widerstand zu verzeichnen. Jedenfalls gewannen die Aufsätze sofort die Anerkennung seines Herausgebers und Verlegers sowie der Leser ihrer Zeitschrift, von der sie erwarteten, dass sie in ihrer Auflage beispiellose Erfolge erzielen würde. Aber damals waren die populären Rechte der Zeitungen noch einfacher akzeptiert als heute, als Zeitschriften ihre persönlichen Interessen streng gegen sie verteidigten. „The New York Times“ und der „St. Louis Democrat“ profitierten von den Vorabexemplaren der Zeitschrift, die ihnen zugeschickt wurden, um die Zeitungen Monat für Monat nachzudrucken. Gemeinsam deckten sie fast das gesamte Lesegebiet der Union ab, und die Bedingungen ihrer täglichen Veröffentlichung ermöglichten es ihnen, der Zeitschrift in ihrem eigenen begrenzten Bereich zuvorzukommen. Die Abonnentenliste wurde nicht im Geringsten erweitert, und The Atlantic Monthly blieb an den Zeitungsständen liegen, so unerwünscht wie eh und je.

VI.

Bei meinen späteren Besuchen in Hartford begannen wir, über die Idee zu sprechen, gemeinsam ein Stück zu machen, aber wir kamen zu keinem klaren Ziel, und eines Tages rief mich ein Telegramm aus heiterem Himmel aus Boston herbei, um bei einer Fortsetzung von Colonel Sellers mitzuhelfen. Ich war Zeuge der großen Freude von Clemens über den ungeheuren Triumph des ersten Colonel Sellers gewesen, der aus dem Roman „The Gilded Age" dramatisiert worden war. Dies war das gemeinsame Werk von Clemens und Charles Dudley Warner, und die Geschichte war von jemandem in Utah auf die Bühne gebracht worden, den Clemens zunächst wegen Verletzung seines Urheberrechts vor Gericht brachte und dann für die Rechte entschädigte, die ihm seine Adaption des Buches eingeräumt hatte. Die Struktur des Stücks, wie John T. Raymond es vorgab, war im Wesentlichen das Werk dieses unbekannten Dramatikers. Clemens hat nie behauptet, zumindest mir gegenüber, dass er auch nur im Geringsten daran beteiligt war; er gab offen zu, dass er nicht in der Lage war, ein Stück zu dramatisieren; Dennoch war die entscheidende Rolle seine, denn die Charaktere des Stücks waren seine, so wie sie im Buch verkörpert wurden, und der Erfolg, den es beim Publikum hatte, war zu Recht sein. Diesen teilte er zu gleichen Teilen mit dem Schauspieler und begleitete die Truppe mit einem Agenten, der den Anteil des Autors am Eintrittsgeld auszählte und ihm jeden Tag per Postkarte eine Mitteilung über den Betrag schickte. Die Postsendungen kamen normalerweise um die Essenszeit, und Clemens las sie uns in wildem Triumph laut vor.

Einhundertfünfzig Dollar – zweihundert Dollar – dreihundert Dollar waren die lustigen Zahlen, die sie trugen, und er schwenkte sie in der Luft, bevor er sich an den Tisch setzte, oder er stand auf, um sie zu schwenken, und dann warf er seine Serviette auf den Stuhl und ging auf und ab, um zu jubeln.

Nach und nach nahm die Popularität des Stücks ab, und es kam die Zeit, als ihm die ganze Sache zu viel wurde, er seinen Agenten abzog und den Gewinn, den der Schauspieler ihm zuteilte, einstrich. Er neigte dazu, diese plötzlichen Pausen zu erleben, wenn sein früheres Interesse noch einmal so groß war, obwohl er immer die Absicht zu haben schien, mehr aus Colonel Sellers zu machen. Aber als ich auf seine Vorladung hin in Hartford ankam, hatte er keine genaue Vorstellung davon, was er mit ihm vorhatte. Ich erklärte ihm, dass wir irgendeinen Plan haben müssten, und er stimmte zu, dass wir beide über Nacht ein Szenario aufschreiben und am nächsten Morgen unsere jeweiligen Pläne vergleichen sollten. Als Autor einer großen Anzahl kleiner Stücke, die in den Vereinigten Staaten und in Teilen des Vereinigten Königreichs privat aufgeführt wurden, ohne jemals auf die öffentliche Bühne zu kommen, außer für edle Wohltätigkeitszwecke, und sie dann sofort wieder zu verlassen, fühlte ich mich befugt, ihn darauf hinzuweisen, dass sein Plan so wenig Chaos war, wie es nur sein kann. Er stimmte mir auf urkomische Weise zu und war bereit, dies als Beweis seiner völligen dramatischen Unfähigkeit gelten zu lassen. Gleichzeitig gefiel ihm mein Plot sehr gut, der Sellers, gemäß Clemens' Absicht, zu einem Mann machte, der von seinen eigenen Erfindungen und seinem Aberglauben, er sei der rechtmäßige Erbe einer englischen Grafschaft, verrückt geworden war. Sellers' überschwängliche Natur und die enorme Spannbreite seiner Vorstellungskraft dienten unserem Zweck auch auf andere Weise . Clemens machte ihn zu einem Spiritisten, dessen Spezialgebiet im Okkultismus die Materialisierung war; er wurde spontan zu einem glühenden Abstinenzreformer und führte eine Prozession abstinenter Damen an, nachdem er uneigennützig die schädliche Wirkung von Alkohol an sich selbst getestet hatte, bis er nicht mehr geradeaus gehen konnte; er trug immer einen wunderbaren Feuerlöscher auf dem Rücken, um im Notfall auf diese Weise die Wirksamkeit seiner Erfindungen beweisen zu können.

Wir verbrachten zwei freudige Wochen damit, die Einzelheiten dieser Dinge auszuarbeiten. Clemens konnte nicht wie jeder andere schreiben, aber ich konnte sehr leicht wie Clemens schreiben, und wir nahmen das Stück Szene für Szene und waren uns ziemlich sicher, dass wir in Übereinstimmung mit unserem Temperament herauskamen. Die Charaktere blieben größtenteils seine, und ich variierte sie nur, um sie seinen ähnlicher zu machen , als er es, wenn möglich, konnte. Als ich mir mehrere Jahre später eine Kopie des Stücks ansah, konnte ich meine Arbeit nicht immer von seiner unterscheiden; ich wusste nur, dass ich bestimmte Szenen gemacht hatte. Wir arbeiteten den ganzen Tag an unseren verschiedenen Aufgaben und lasen sie uns dann abends vor dem Abendessen gegenseitig vor. Kein Dramatiker hatte jemals mehr Freude an seinen Werken, und wenn ich daran denke, dass das Publikum nie die Chance hatte, unsere Freude zu teilen, tut mir das Publikum von ganzem Herzen leid. Ich glaube immer noch, dass das Stück ungemein lustig war; ich glaube immer noch, dass es, wenn es einmal hinter die Rampe gekommen wäre, das Haus für eine unbestimmte Reihe von Abenden voll gefüllt hätte. Aber das ist vielleicht meine Vorliebe.

Jedenfalls sollte es nicht sein. Raymond hatte sich in seiner Vorstellungswelt mit Sellers identifiziert, und ob bewusst oder unbewusst, wir arbeiteten in unseren Gedanken ständig mit Raymond. Aber schon vorher war es zwischen Clemens und Raymond zu bitterem Missfallen gekommen, und Clemens war entschlossen, Raymond das Stück niemals zu geben. Er bot es zunächst mehreren anderen Schauspielern an, die es eifrig annahmen, nur um es dann mit der verzweifelten Absage zurückzugeben: „Das ist ein Raymond-Stück.“ Wir versuchten es mit Managern, aber deren einzige Frage war, ob sie Raymond dazu bringen könnten, es zu spielen. In der Zwischenzeit hatte sich Raymond ein Stück für den Winter besorgt – ein sehr gutes Stück von Demarest Lloyd; und er hatte es nicht eilig mit unserem. Vielleicht war es ihm nicht wirklich wichtig, vielleicht wusste er, als er davon hörte, dass es am Ende zu ihm kommen würde. Am Ende kam es, aus meiner Hand, denn Clemens wollte ihn nicht treffen. Ich fand ihn in einer Stimmung süßer Vernunft, die vielleicht noch durch eines jener Mittagessen besänftigt worden war, zu denen unser Verleger, der gastfreundliche James R. Osgood, in Boston immer Leute zusammenbrachte. Er sagte, er könne das Stück in diesem Winter nicht aufführen, aber er sei sicher, dass es ihm gefallen würde, und er habe keinen Zweifel, dass er es im nächsten Winter aufführen würde. Also gab ich ihm das Manuskript, trotz Clemens' Vorwürfen, denn sein Verdacht und sein Groll waren so groß, dass er nicht gewollt hätte, dass ich es auch nur einen Augenblick in den Händen des Schauspielers ließ. Aber es schien ein Abschluss zu sein, der Erfolg und Glück für uns bedeutete. Zu gegebener Zeit, aber ich weiß nicht mehr, wie lange danach, erklärte Raymond, er sei von dem Stück begeistert; er schloss einen zufriedenstellenden Vertrag dafür ab und zu Beginn der nächsten Saison machte er sich damit auf den Weg nach Buffalo, wo er eine Uraufführung geben sollte. In Rochester hielt er sich lange genug zurück, um es zurückzugeben, mit der Erklärung, ein Freund habe ihm gesagt, dass Colonel Sellers in dem Stück ein Wahnsinniger sei und Geisteskrankheit eine so ernste Sache sei, dass sie auf der Bühne nicht dargestellt werden könne, ohne die Gefühle des Publikums zu verletzen; oder Worte in diesem Sinne. Wir waren zu weit davon entfernt, Hamlet das Gegenteil zu behaupten oder König Lear, oder die Freude zu benennen, die Generationen von Lesern auf der ganzen Welt an den verrückten Launen des Don Quijote gefunden hatten. Was auch immer Raymonds wahre Gründe für die Ablehnung des Stücks waren, wir mussten uns mit denen zufrieden geben, die er nannte, und uns daran machen, es in andere Hände zu bringen. Bei diesem Unterfangen scheiterten wir, wenn das überhaupt möglich war, noch deutlicher als zuvor. Schließlich hörte ein kluger und charmanter Vortragskünstler, der schon lange auf der Bühne stehen wollte, davon und bat darum, es zu sehen. Wir hätten es inzwischen jedem gezeigt und zeigten es ihm sehr gerne. Er kam nach Hartford und spielte einige Szenen daraus für uns. Ich muss sagen, er hat sie sehr gut gemacht, genauso gut, wie Raymond sie hätte machen können, in dessen Art er sie gemacht hat. Aber jetzt, gegen Ende des Frühlings, war die Frage, wo er ein Engagement für das Stück bekommen könnte, und wir mieteten schließlich ein Theater in New York für eine Woche Probeaufführungen.

Clemens begleitete mich nach Boston, wo wir einige Änderungen am Stück vornehmen wollten, die wir zu unserer Zufriedenheit umsetzten, aber nicht mit der Wirkung der großen Begeisterung, die wir im ersten Entwurf hatten. Er ging zurück nach Hartford, und dann überkam mich der Kälteanfall, und

„in Visionen der Nacht, im Schlummern auf dem Bett“ entsetzten mich grausige Formen des Versagens, und als ich morgens aufstand, schrieb ich ihm: „Hier ist ein Stück, das jeder Manager im Freien aufgeführt hat und das jeder uns bekannte Schauspieler abgelehnt hat, und jetzt gehen wir hin und geben es einem Sprecher . Wir sind Narren.“ Ob Clemens mit meiner Schlussfolgerung einverstanden war oder nicht, er stimmte mit mir in meinen Prämissen überein, und wir kauften unser Stück umgehend von der Bühne zu einem Preis von siebenhundert Dollar, den wir uns teilten. Aber Clemens war nie ein Mann, der aufgab. Ich gab alle Rechte und Titel, die ich an dem Stück hatte, gratis ab, und er bezahlte die gesamten Kosten für eine Woche One-Night-Stands auf dem Land. Es kam nie nach New York, und doch glaube ich heute, dass es ein Erfolg gewesen wäre, wenn es gekommen wäre. So schnell stirbt der Glaube des erfolglosen Dramatikers an sein Werk .

VII.

Es gibt einen Vorfall aus dieser Zeit, der für beide Männer so charakteristisch ist, dass ich der Versuchung nachgebe, ihn hier zu erzählen. Nachdem ich als Antwort auf Clemens' Telegramm nach Hartford gegangen war, kam Matthew Arnold in Boston an, und ein Familienmitglied besuchte seine, um zu erklären, warum ich nicht zu Hause war, um seine Einführung entgegenzunehmen: Ich war zu Mark Twain gegangen. „Oh, aber er mag so etwas nicht, oder?“ „Er mag Mr. Clemens sehr“, antwortete mein Vertreter, „und er hält ihn für einen der größten Männer, die er je gekannt hat.“ Ich war noch Clemens' Gast in Hartford, als Arnold dort Vorlesungen hielt, und eines Abends gingen wir zu einem Empfang, um ihn zu treffen. Während er meine Hand locker zur Begrüßung hielt, sah ich, wie sein Blick intensiv auf die andere Seite des Raumes gerichtet war. „Wer, wer in aller Welt ist das?“ Ich schaute hin und sagte: „ Oh, das ist Mark Twain.“ Ich weiß nicht mehr, wie genau Arnolds Wunsch es zu ihrer unmittelbaren Begegnung gebracht hatte, aber ich habe den Eindruck, dass sie sich am Abend nicht lange trennten, und am nächsten Abend war Arnold, als stünde er noch unter dem Zauber dieser mächtigen Präsenz, in Clemens' Haus. Ich kann nicht sagen, wie sie miteinander auskamen oder was sie voneinander hielten; wenn Clemens jemals von Arnold sprach, weiß ich nicht mehr, was er sagte, aber Arnold hatte ein Gespür für ihn gezeigt, aus dem das ungläubige Missfallen der vornehmen Welt, das jetzt so allgemein ausgebrochen war, bereits verschwunden war. Das könnte auch mit seiner ersten dramatischen Vision dieses gewaltigen Kopfes geschehen sein. Clemens war damals fast fünfzig, und er hatte, wie bis zum Ende, die schlanke Figur seiner Jugend bewahrt, aber die Asche der ausgebrannten Jahre begann das Feuer dieses prächtigen roten Haarschopfes zu ergrauen, den er auf die Höhe einer scheinbar größeren Statur hielt, als er war, und der bei seinem wellenförmigen Gang von einer Seite auf die andere kippte. Er schimmerte einem aus den schmalen Schlitzen seiner schönen blaugrünen Augen unter den verzweigten Brauen entgegen, die mit dem Alter immer mehr wie eine Art Federkleid wuchsen, und er neigte dazu, einem mit einer subtilen, aber liebenswürdigen Wahrnehmung und doch mit einer Art distanzierter Abwesenheit ins Gesicht zu lächeln; man war ganz für ihn da, aber er war nicht ganz für einen da.

VIII.

Ich werde nicht versuchen, meine Erinnerungen an ihn chronologisch zu ordnen, aber da ich gerade mit ihm in Hartford bin, werde ich im Zusammenhang mit diesem Ort über ihn sprechen. Einmal, als ich aus Cambridge kam, folgte er mir in mein Zimmer, um zu sehen, ob das Wasser in meiner Badewanne nicht gefroren war oder etwas in der Art, denn es war sehr kaltes Wetter, und verweilte dann gastfreundlich. Um keine Zeit mit Banalitäten zu verlieren, begann ich sofort mit dem Gedankengang in meinem Kopf. „Ich frage mich, warum wir die Vergangenheit so hassen", und er antwortete aus den Tiefen seines eigenen Bewusstseins: „Es ist so verdammt demütigend", was jeder Mann über seine Vergangenheit sagen würde, wenn er ehrlich wäre; aber ehrliche Männer sind selten, wenn es um sich selbst geht. Clemens war einer der wenigen und der erste von ihnen unter allen Menschen, die ich kannte. Ich nehme an, ich habe Männer gekannt, die so ehrlich waren, aber nicht so prompt, so absolut, so positiv, so fast aggressiv ehrlich. Er konnte natürlich lügen und tat es, um andere vor Kummer oder Schaden zu bewahren; er war nicht auf dumme Weise ehrlich; aber sein erster Impuls war, die Sache und alles, was in ihm war, auszusprechen. Für diejenigen, die es verstehen können, wird es kein Widerspruch zu seinem Gefühl der Demütigung durch die Vergangenheit sein, dass er sich für nichts, was er jemals getan hatte, so sehr schämte, dass er es verbergen wollte. Er konnte seine Fehler, von denen er in seinem Leben genug hatte, bitter bereuen, und das tat er auch, aber er schämte sich nicht auf diese gemeine Weise. Er gab zu, was er getan hatte, ob gut, schlecht oder gleichgültig, und wenn es schlecht war, war er eher amüsiert als beunruhigt über die Wirkung auf den Menschen. Er drängte einem die Tatsache nicht auf, aber wenn es um seine persönliche Vergangenheit ging, würde es ihm nicht im Traum einfallen, sie zurückzuhalten, geschweige denn zu verbergen.

Er war der bereitwilligste Mensch, einen Irrtum zuzugeben, wenn man ihn darin fand. Bei einem unserer Spaziergänge durch Hartford, als er sich auf der ersten Hochblüte seines Agnostizismus befand, erklärte er, das Christentum habe nichts zur Verbesserung der Moral und der Lebensbedingungen beigetragen und die Welt sei unter der höchsten heidnischen Zivilisation ebenso gut dran wie unter dem höchsten christlichen Einfluss. Ich hatte gerade Charles Loring Braces „ Gesta Christi" oder „Geschichte des menschlichen Fortschritts" gelesen und konnte ihm zahlreiche Beweise dafür liefern, dass er Unrecht hatte. Das gefiel ihm offensichtlich nicht, aber er gab sofort nach und sagte, er habe diese Dinge nicht gewusst. Später war er in seiner Ablehnung des Christentums toleranter, aber gerade damals fühlte er sich davon befreit und freute sich, die Fesseln des Glaubens, die er so lange getragen hatte, gesprengt zu haben.

Er bewunderte Robert Ingersoll sehr, den er einen engelsgleichen Redner nannte und als Verkünder eines neuen Evangeliums betrachtete – des Evangeliums des freien Denkens. Er nahm die damals in den Zeitungen tobende Kontroverse über die Existenz einer Hölle mit größtem Interesse auf; als die Nein-Stimmen die Oberhand behielten, war wohl kein Feind des Verderbens erfreuter. Er liebte seinen alten Freund und Pastor, Mr. Twichell , noch immer, aber er ging nicht mehr zu seinen weisen und schönen Predigten und war, glaube ich, deshalb der größere Verlierer. Lange vorher hatte ich ihn gefragt, ob er regelmäßig in die Kirche ginge, und er stöhnte: „Oh ja, ich gehe. Es bringt mich fast um, aber ich gehe", und ich brauchte es nicht, um zu verstehen, dass er ging, weil seine Frau es wollte. Er erzählte mir, dass sie, nachdem sie beide aufgehört hatten zu gehen, schließlich zu dem Schluss gekommen war, dass sie sagte: „Nun, wenn du verloren sein sollst, möchte ich mit dir verloren sein." Er konnte diese Bereitschaft zum höchsten Opfer akzeptieren und sich daran erfreuen, weil er die höchste Wahrheit darin sah. Nachdem sie beide aufgehört hatten, offiziell Christen zu sein, war sie immer noch betrübt über seine Leugnung der Unsterblichkeit, so betrübt, dass er sich zu einer jener heroischen Lügen entschloss, die er aus Liebe sogar über die Wahrheit stellte, und er ging zu ihr und sagte, er habe über die ganze Sache nachgedacht und sei nun überzeugt, dass die Seele nach dem Tode weiterlebt. Es war zu spät. Ihr scharfer Blick durchschaute seine List, so wie damals, als er den Arzt holte, der in ihrem Fall eine organische Herzkrankheit diagnostiziert hatte, und nachdem er die Fakten noch einmal mit ihr durchgegangen war, ließ er ihn erklären, dass es sich lediglich um eine Funktionskrankheit handele.

Um diese Aufzeichnungen über Clemens' Glauben, soweit ich ihn kannte, abzuschließen, möchte ich sagen, dass er nie zu etwas wie dem Glauben an die christliche Theologie oder an die Vorstellung eines Lebens nach dem Tod oder an eine bewusste Göttlichkeit zurückgekehrt ist. Es ist am besten, in dieser Angelegenheit ehrlich zu sein; er hätte alles andere gehasst, und ich glaube nicht, dass die Wahrheit darin irgendjemandem schaden kann . Einmal argumentierte er, dass es eine Ursache, eine bewusste Quelle der Dinge gegeben haben muss; dass das Universum nicht durch Zufall entstanden sein kann. Ich habe auch gehört, dass er in seinen letzten Stunden oder Augenblicken etwas über ein Wiedersehen gesagt hat oder dass seine Liebsten hofften, dass er es gesagt hatte. Aber der Ausdruck, dessen sie sich nicht sicher sein konnten, war sehr vage und vielleicht aus seiner Zärtlichkeit heraus an ihre Zärtlichkeit gerichtet. Alle seine Äußerungen mir gegenüber waren von einem mutigen Verzicht auf jede Hoffnung, wieder zu leben oder diejenigen, die er verloren hatte, anderswo wiederzusehen, geprägt. Er litt schrecklich unter ihrem Verlust und war nicht dumm genug, zu versuchen, seinen Kummer zu ignorieren. Er wusste, dass es dafür nur zwei Medikamente gab; dass es mit den Jahren seine Wirkung verlieren würde und dass es in der Zwischenzeit nichts anderes gab als jene Ruhepausen, in denen der Trauernde sich im Schlaf vergisst. Ich erinnere mich, dass er in einer meiner eigenen dunklen Stunden, als ich zu ihm heruntergerufen wurde, als er aus dem Schlaf erwachte, mit unendlichem, exquisitem Mitgefühl sagte: „Oh, habe ich dich geweckt, habe ich dich geweckt?" Nichts weiter, nur der Blick, die Stimme waren alles; und solange ich lebe, können sie nicht aus meinen Sinnen verschwinden.

IX.

In seinem Mitleid war er der liebevollste Mensch, aber er hatte den feinen Instinkt, der Lowell gefallen hätte, niemals seine Hände auf einen zu legen – feine, zarte Hände mit spitzen Fingern und rosa Nägeln wie die eines Mädchens, die in Momenten der Erregung empfindlich zitterten; er betatschte einen nicht damit, um seine Zuneigung zu zeigen, wie so viele von uns Amerikanern dazu neigen. Unter den sechs oder sechs Persönlichkeiten, die jeder von uns entwickelt, würde ich sagen, dass Clemens' zentrale und letzte Persönlichkeit etwas Erlesenes war. Seine flüchtigen Bekannten kannten ihn vielleicht aufgrund seiner wilden Intensität, seiner wilden Freude daran, Leute mit seinen Zoten und Gotteslästerungen zu schockieren, oder aufgrund des bloßen Bedürfnisses, seinen rebellischen Geist auf diese Weise zu entfesseln , als alles andere als erlesen, und doch war er das in letzter Instanz. Sie mochten ihn verabscheuen oder hassen, aber man konnte ihn nicht gut kennen, ohne zu erkennen, dass er der ernsthafteste, menschlichste und gewissenhafteste Mensch war. Er stammte aus dem Südwesten und war unter der Unterdrückung einer Rasse geboren, die im Vergleich zu uns keinerlei Rechte hatte, aber ich habe nie einen Menschen gesehen, der mehr Rücksicht auf die Neger nahm. Als ich ihn kennenlernte, hatte er einen gelben Butler, weil er sagte, er könne es nicht ertragen, einem Weißen Befehle zu erteilen, aber die Art, wie er George Befehle erteilte, war die sanfteste Bitte, die ein Befehl je geäußert hat. Er verließ sich gern auf George, der in manchen Dingen ein so gebrochenes Rohr war, in anderen jedoch so standhaft, und in der Politik der glühende Republikaner, den Clemens damals gern hatte. Er konnte Clemens' Worte der Öffentlichkeit deuten, ohne seine Stimmung zu vermitteln, und konnte der Person, der seine Anwesenheit verweigert wurde, seine schroffste Antwort sanft geben. Seine allgemeinen Anweisungen waren, dass diese Anwesenheit allen außer persönlichen Freunden verweigert werden sollte, aber Georges weiches Herz wurde manchmal durch Aufdringlichkeiten berührt, und einmal kam er ins Billardzimmer und sagte, dass Mr. Smith Clemens sehen wollte. Auf Nachfrage entwickelte sich kein freundschaftliches Verhältnis zu Mr. Smith, und Clemens sagte: „Gehen Sie und sagen Sie Mr. Smith, dass ich nicht herunterkommen würde, um die Zwölf Apostel zu sehen." George wandte sich von der Schwelle ab, wo er sich aufgehalten hatte, und formulierte eine Paraphrase dieser Nachricht, die Mr. Smith anscheinend zufrieden mit sich selbst und dem Rest der Welt davongehen ließ.

Den Teil von ihm, der in seiner südwestlichen Herkunft westlich war, behielt Clemens bis zum Ende, aber er war der Südstaatler , den ich je kannte, der am wenigsten vom Süden geprägt war. Kein Mann hatte ein besseres Gefühl für die Sklaverei und verabscheute sie mehr, und niemand hat jemals so viel

Verachtung über die aus zweiter Hand stammende, Walter- schottisierte Pseudoritterlichkeit des Südstaatenideals geäußert. Er fühlte sich für das Unrecht verantwortlich, das die weiße Rasse der schwarzen Rasse durch die Sklaverei angetan hatte, und er erklärte, dass er, indem er einem schwarzen Studenten das Studium in Yale finanzierte, dies als seinen Teil der Wiedergutmachung tue, die jeder Weiße jedem schwarzen Mann schulde. Er sagte, er habe diesen Studenten nie gesehen und wolle ihn auch nie sehen oder seinen Namen erfahren; es sei völlig ausreichend, dass er ein Neger sei . Etwa zu dieser Zeit wurde ein farbiger Kadett aus West Point wegen eines Verhaltens verwiesen, das „eines Offiziers und Gentlemans unwürdig" sei, und in einem Teil der Presse herrschte die übliche schäbige Philosophie, dass ein Neger niemals Anspruch auf Ehre erheben könne. Der Mann war zu fünfzehn Teilen weiß, aber „Oh ja", sagte Clemens mit bitterer Ironie, „es war dieser eine Teil Schwarz, der ihn zugrunde gerichtet hat." Er machte ihn zu einem „Nigger" und unfähig, ein Gentleman zu sein. Er war an der ganzen Sache schuld. Die fünfzehn Teile Weiß waren unschuldig.

Clemens war mit dem Ausgang des Bürgerkriegs vollkommen zufrieden und wollte unbedingt, dass seine Fakten und Bedeutungen sofort in der Geschichte ans Licht kamen. Er machte sich über die von vielen vertretene Ansicht lustig, dass es „noch nicht an der Zeit" sei, über die Ereignisse des großen Kampfes zu philosophieren; dass wir „warten müssen, bis seine Leidenschaften abgekühlt sind" und „die Wolken des Streits sich verzogen haben". Er behauptete, dass die Zeit nie kommen werde, in der wir seine Motive, Menschen und Taten klarer erkennen würden, und dass jetzt, jetzt die Stunde gekommen sei, sie in dauerhafter Wahrheit festzustellen. Bildhaft und dramatisch schilderte er die Dummheit, die Untersuchung zu irgendeinem Zeitpunkt auf die fernen Jahre der Zukunft zu verschieben, wenn die Fakten unweigerlich zu einer Fabel werden würden.

Er besaß eine Gabe des Sarkasmus und eine unerbittliche Bitterkeit in seiner Verachtung, die diejenigen, die ihn am besten kannten, am meisten schätzten. Der verstorbene Noah Brooks, der zu Beginn von Clemens' Karriere in Kalifornien gewesen war und die Wirkung seines Spotts miterlebt hatte, bevor er gelernt hatte, ihn zu mäßigen, sagte mir einmal, er hätte lieber von jedem anderen auf der Welt herabgesehen als von Mark Twain. Aber als Clemens älter wurde, wurde er gnädiger, nicht gegenüber dem Unrecht, sondern gegenüber den Menschen, die davon betroffen waren. Das Unrecht war oft die Quelle seiner wildesten Witze . Er betrachtete es in einer solchen Hoffnungslosigkeit, ihm jemals gerecht werden zu können, dass seine Verzweiflung in Gelächter ausbrach.

X.

Ich kehre zu jenem Haus in Hartford zurück, in dem ich so oft ein gern gesehener Gast war, und empfinde Zärtlichkeit für jeden seiner liebenswerten Aspekte. Über den Kamin in der Bibliothek, der durch so viel Kunst und Wissenschaft vom Rauchen geheilt worden war, hatte Clemens in ewigem Messing die Worte Emersons geschrieben: „Die Zierde eines Hauses sind die Freunde, die es besuchen", und er begrüßte seine Gäste mit der einfachsten und süßesten Herzlichkeit. Aber ich darf ihnen gegenüber nicht von meinen Erinnerungen an ihn abschweifen, die geschwätzig genug sein werden, wenn ich sie so ausführlich wiedergebe, wie ich möchte. Die Fenster der Bibliothek blickten nach Norden vom Hügel, auf dem das Haus stand, und über das kleine Tal mit dem Bach darin, und sie zeigten die Blätter der Bäume, die sie fast streiften wie in einem Claude-Lorraine-Glas. Nach Osten hin öffnete sich das Esszimmer weit, und nach Süden gab es eine breite Halle, wo die Stimmen der Freunde hörbar wurden, als sie ohne Umschweife eintraten und auf seinen freudigen Gruß antworteten. Im Westen befand sich ein kleiner halbrunder Wintergarten nach einem Muster, das Mrs. Harriet Beecher Stowe erfunden und in den meisten Häusern ihrer freundlichen Nachbarschaft übernommen hatte. Die Pflanzen waren in die Erde gesetzt, und die blühenden Ranken kletterten an den Seiten empor und hingen über das Dach über dem stillen Sprühnebel eines Springbrunnens, der von Callas und anderen wasserliebenden Lilien begleitet wurde. Während wir dort frühstückten, kam Patrick aus der Scheune herein und besprengte die hübsche Laube, die ihren angenehmen Duft in den zarten Akzenten ihrer vielfältigen Blüten verströmte. Das Frühstück war Clemens' beste Mahlzeit, und er saß länger bei seinem Steak und Kaffee als bei den Gängen seines Abendessens; das Mittagessen bedeutete ihm nichts, es sei denn, er machte es, wie es passieren konnte, zu seinem Abendessen und behielt sich die spätere Mahlzeit als Gelegenheit vor, im Zimmer auf und ab zu gehen und ausführlich über alles zu reden, was ihm in den Sinn kam. Wie die meisten guten Redner mochte er es, wenn andere Leute ihre Meinung sagten; er redete sie nicht herunter; er hielt bei der Bemerkung eines anderen sofort inne und hörte ihm gerne oder höflich zu; er gab sogar vor, in dem, was gesagt wurde, Anregungen oder Inspiration zu finden. Seine Kinder kamen, wie ich bereits erzählt habe, zu Tisch, und nach dem Essen neigte er dazu, ihren Diskantgesang mit seinem schönen Tenor zu begleiten.

Die Hälfte unserer Treffen fand in meinem Haus in Cambridge statt, wo er sich genauso zu Hause fühlte wie in Hartford. Er kam angeblich, um im Parker House in Boston zu übernachten, und nahm sich ein Zimmer, in dem er nach dem Ankleiden das Gas anzündete und brennen ließ, während er nach Cambridge fuhr und zwei oder drei Tage bei uns blieb. Einmal, ich nehme an, es war nach einer Vorlesung, kam er im Abendkleid und verbrachte vierundzwanzig Stunden in dieser Verkleidung mit uns, wobei er einen Mantel trug, um ihn zu verbergen, wenn wir spazieren gingen. Manchmal trug er die Pantoffeln, die er zu Hause den Schuhen vorzog, und wenn es schlammig war, wie es in Cambridge üblich war, zog er für unsere Streifzüge ein Paar Gummis darüber. Er mochte die Gesetzlosigkeit und unsere Freude daran, sie zuzulassen, und er freute sich über das Geständnis seiner Gastgeberin, nachdem wir uns einmal in unserer Freude an dem intensiven Gespräch, den Geschichten und dem Lachen fast erschöpft hatten, dass sein Kommen sie fast umgebracht hätte, aber es war es wert.

Damals litt er unter Schlaflosigkeit oder vielmehr unter widerstrebender Schläfrigkeit, und er hatte verschiedene Mittel, um diese zu fördern. Zuerst war es Champagner kurz vor dem Schlafengehen gewesen, und den besorgten wir, aber später kam er aus Boston mit vier Flaschen Lagerbier unter dem Arm; Lagerbier, sagte er jetzt, sei das einzige, was einen einschlafen lasse, und das besorgten wir. Noch später, bei einem Besuch, den ich ihm in Hartford abstattete, erfuhr ich, dass heißer Scotch das einzige erwägenswerte Schlafmittel war, und Scotch-Whiskey fand ordnungsgemäß seinen Platz auf unserer Anrichte. Eines Tages, sehr viel später, fragte ich ihn, ob er immer noch heißen Scotch nähme, um einzuschlafen. Er sagte, er nehme nichts. Eine Zeit lang hatte er es als Schlafmittel empfunden, auf dem Badezimmerboden zu Bett zu gehen; dann legte er sich eines Nachts um zehn in sein eigenes Bett und schlief sofort ohne etwas ein. Seitdem hatte er dasselbe mit derselben Wirkung getan. Natürlich amüsierte es ihn; es gab nur wenige Erfahrungen im Leben, ob ernst oder heiter, die ihn nicht amüsierten, selbst wenn sie ihm Unrecht zufügten.

Er kam im April 1875 nach Cambridge, um mit mir die Hundertjahrfeier in Concord zu besuchen, bei der die Schlacht der Minutemen gegen die britischen Truppen vor hundert Jahren gefeiert wurde. Wir hatten beide besondere Einladungen, darunter eine Überfahrt von Boston; aber ich sagte: Warum sollten wir uns die Mühe machen, nach Boston zu fahren, wenn wir genauso gut am Bahnhof Cambridge den Zug nach Concord nehmen könnten? Er war ebenfalls der Meinung, dass das absurd wäre; also frühstückten wir bedächtig und gingen dann zum Bahnhof, wobei wir wie üblich über viele Dinge nachdachten. Als der Zug anhielt, fanden wir ihn innen und außen vollgestopft vor. Die Leute standen dicht gedrängt auf den Plattformen der Waggons; unseren erschrockenen Augen nach schienen sie aus den Fenstern zu ragen, und wenn mich mein Gedächtnis nicht täuscht, lagen sie verstreut auf den Dächern wie Bremser, die auf ihrem Dienstposten erschlagen wurden.

Ob dies nun wirklich so war oder nicht, jedenfalls bot der Zug selbst für unsere Vorstellungskraft eine undurchdringliche Fassade, und wir ließen ihn ohne die geringste Anstrengung, einzusteigen, weiterfahren. Wir stiegen die abgenutzten Stufen von Porter's Station wieder hinauf und begannen, North Cambridge nach einem Transportmittel über Land nach Concord zu erkunden, denn so weit waren wir auf der Straße, auf der die Briten am Tag der Schlacht kamen und kamen. Die Livreen, die wir ansprachen, empfingen uns, manche mit Mitleid, manche mit Spott, aber in beiden Stimmungen überzeugten sie uns, dass wir keine Katze hätten anheuern können, um uns zu transportieren, geschweige denn ein Pferd oder ein Fahrzeug irgendeiner Art. Es war ein rauer, windiger Tag, ganz anders als der außergewöhnlich heiße Apriltag, an dem die geschlagenen Rotröcke, verfolgt von den Kolonisten, keuchend nach Boston zurückflohen, „mit heraushängenden Zungen wie bei Hunden“, aber der Gedanke an ihre Niederlage war für uns kein angemessener Trost; wir konnten sie fast beneiden, denn sie waren immerhin bis Concord gekommen. Eine schnelle Prozession von Kutschen, Wagen und Buggys, die alle nach Concord fuhren, überholte uns reglos und hilflos auf dem Bürgersteig im eigenartig kalten Schlamm von Nord-Cambridge. Wir begannen zu überlegen, ob wir nicht einen von ihnen anhalten und ihn bestechen könnten, uns mitzunehmen, aber wir hatten nicht den Mut, es zu versuchen, und Clemens nutzte die Gelegenheit, um an einer akuten Verdauungsstörung zu leiden, die seiner Laune einen sehr düsteren Anstrich verlieh. Ich empfand die Scham der Niederlage und die Schuld der Verantwortung für unser Versagen zutiefst, und als eine fröhliche Gruppe von Studenten auf einem Tally Ho auf uns zukam, dessen Inneres luxuriös leer war, hatten wir das Gefühl, dass unsere Chance gekommen war, und zwar unsere letzte Chance. Er sagte, wenn ich sie anhalten und ihnen sagen würde, wer ich sei, würden sie uns gerne, vielleicht sogar stolz, weiterfahren lassen; ich behauptete, wenn er sich ihnen mit seinem weitaus größeren Ruhm nähern würde, wäre unser Erfolg gesichert. Während wir dastanden und uns in diesem „Wettbewerb der Höflichkeiten“ verloren, fuhr die Kutsche an uns vorbei, während die Studenten fröhliche Töne aus den Hörnern bliesen, und dann nahm Clemens die Verfolgung auf, angefeuert durch die Rufe der fröhlichen Gesellschaft, die sich nicht vorstellen konnte, wer sie einholen wollte, zu einem Wettstreit in Sachen Geschwindigkeit. Das ungleiche Spiel konnte nur auf eine Weise enden, und ich bin froh, dass ich mich nicht daran erinnern kann, was er sagte, als er zu mir zurückkam. Seitdem habe ich mich oft gefragt, wie traurig diese fröhlichen jungen Herzen gewesen sein müssen, wenn sie gewusst hätten, dass sie an diesem Tag in Begleitung von Mark Twain nach Concord hätten kommen können, und es nicht getan hätten.

Wir blieben noch eine Weile vergeblich im bitterkalten Wind und machten uns dann langsam, sehr langsam auf den Heimweg. Wir wollten so viel Zeit wie möglich totschlagen, um der Täuschung, die wir zu begehen beabsichtigten, mehr Glaubwürdigkeit zu verleihen , denn wir konnten es nicht ertragen, uns in unserer prahlerischen Weisheit, den Zug an Porter's Station zu nehmen, täuschen zu lassen, und hatten uns darauf geeinigt, zu sagen, wir seien in Concord gewesen und zurückgekommen. Selbst als wir zu mir nach Hause kamen, hatten wir das Gefühl, dass unsere Aussage ohne weitere Verzögerung nicht mehr glaubwürdig sein würde, und wir schlichen uns leise in meine Bibliothek, machten ein prasselndes Feuer im Kamin und tauten in der Hitze auf, bevor wir unseren Mut für das Unterfangen wiederfanden. All diese Vorsichtsmaßnahmen scheiterten, denn als wir unsere Aussage dem vorgesehenen Opfer mitteilten, erklärte sie sie sofort für unglaubwürdig, und wir blieben damit intakt zurück. Ich glaube, der Humor dieser Situation war für Clemens letztlich eine größere Freude, als es ein tatsächlicher Besuch in Concord gewesen wäre; nur wenige Wochen vor seinem Tod lachte er mit einem meiner Verwandten auf den Bermudas über unsere Niederlage und frohlockte, dass wir so schnell entdeckt worden waren.

XI.

Aus unserer gemeinsamen Erfahrung mit dem Scheitern schließe ich, dass Clemens' Zuneigung zu mir so groß gewesen sein muss, dass er mir den endgültigen Abfall verzeihen konnte, der wahrscheinlich das Ende unserer Unternehmungen bedeutete. Ich habe mir eingebildet, dass ich ihm gegenüber eine so vollkommene Vertrauenswürdigkeit an den Tag legte, dass er sich die Tiefen der Unzuverlässigkeit darunter nicht vorstellen konnte; und dass er, ohne es zu merken, immer mit neuer Überraschung, aber ungebrochenem Vertrauen durchbrach. Er liebte es vor allem, eine Angelegenheit bis zum bitteren Ende voranzutreiben, und das Ende war nie zu bitter, es sei denn, es brachte Kummer oder Schaden für einen anderen. Einmal wurde er in einem Telegrafenamt auf einem Bahnhof von der verantwortlichen jungen Dame, die in einen Flirt mit einem „Freund" vertieft war, der dem Gemeinsinn, den er an den Engländern bewunderte, nacheiferte, mit so unverschämter Vernachlässigung behandelt, dass er ihr sagte, er solle sie ihren Vorgesetzten melden, und (wahrscheinlich zu ihrer Überraschung) tat er dies. Er ging zurück nach Hartford, und zu gegebener Zeit kam das arme Mädchen voller Angst und in Tränen zu mir; denn ich hatte Clemens bei seiner Aktion unterstützt und hatte meinen Namen mit seinem in seiner Berufung an die Behörden verbunden. Ihr wurde mit Entlassung gedroht, wenn sie sich nicht vollständig bei ihm entschuldigte und die Zusicherung der Annahme der Entschuldigung mitbrachte. Ich fühlte mich in der Lage, ihr diese zu geben, und natürlich stimmte er eifrig zu; ich glaube, er hat seine Zustimmung telegraphiert. Ein anderes Mal, einige Jahre später, setzten wir uns zusammen an Plätze nahe dem Ende eines Wagens, und ein Bremser kam herein und suchte nach seinem offiziellen Notizbuch. Clemens stellte fest, dass er sich darauf gesetzt hatte, und reichte es ihm; der Mann schalt ihn sehr beleidigend und kam immer wieder zurück und schalt ihn weiterhin, weil er nicht mehr Verstand hatte, als sich auf ein Notizbuch zu setzen. Die Geduld von Clemens, dies zu ertragen, war so engelsgleich, dass ich es für angebracht hielt, zu kommentieren: „Ich nehme an, Sie werden diesen Kerl melden." „Ja", antwortete er langsam und traurig. „Das hätte ich einmal getan. Aber jetzt erinnere ich mich, dass er zwanzig Dollar im Monat bekommt."

Nichts hätte weiser, nichts zärtlicher sein können, und seine Menschlichkeit galt nicht nur der Menschlichkeit. Er verabscheute die stumpfe und wilde Freude des Jägers an einem glücklichen Schuss, einem zielsicheren Ziel, und als ich ihn einmal auf dem Land traf, war er gerade angewidert von dem Erfolg eines Schützen, der eine Amsel erlegt hatte, und er beschrieb das arme, geschlagene, glänzende Ding, wie es da draußen im Gras lag und sein Leben pulsierte, mit einem Mitleid, das er einem verwundeten Kind entgegengebracht hätte. Ich finde, dies ist ein passender Ort, um zu sagen, dass sein Geist und seine Seele bei denen waren, die die harte Arbeit der Welt verrichten, in Angst vor denen, die ihnen eine Chance auf ihren Lebensunterhalt geben und sie so schlecht bezahlen wie möglich. Er ging in Sachen Sozialismus nie so weit wie ich, wenn er überhaupt in diese Richtung ging, aber er war fasziniert von Looking Backward und hatte Bellamy zu Besuch; und von Anfang an hatte er eine leuchtende Vision von organisierter Arbeiterschaft als der einzigen gegenwärtigen Hilfe für Arbeiter. Er zeigte diese Seite mit solcher Klarheit und Kraft, dass man nichts in hoffnungsvollem Widerspruch sagen konnte; er sah mit seiner unerbittlichen Einsicht, dass die Gewerkschaften die einzige Hoffnung des Arbeiters waren, sich wie ein Mann gegen das Geld und seine Macht zu behaupten. Es gab eine Zeit, in der ich befürchtete, dass seine Augen ein wenig von der Wahrheit abgewandt waren ; aber in dem allerletzten Gespräch, das ich von ihm hörte, stellte ich fest, dass ich mich irrte und dass dieser große Humorist ein ebenso großer Humanist war wie immer. Ich wünschte, alle Arbeiter wüssten das und könnten ihn als ihren Freund im Leben kennen, wie er es in der Literatur war; wie er es in einem so glorreichen Evangelium der Gleichheit war wie der „Yankee aus Connecticut an König Arthurs Hof".

XII.

Ob ich will oder nicht, ich muss die Dinge gedanklich in meine Geschichte einfließen lassen , so wie er es getan hätte, denn ich kann mich nicht an sie in der richtigen Reihenfolge erinnern. Eines Abends, als wir eine Party gaben, stürmte er plötzlich mit einem Freund von ihm und mir, Mr. Twichell , herein und begann sofort, unser Abendessen zu essen und zu trinken, denn sie waren direkt von einem Fußmarsch nach Boston zu uns nach Hause gekommen, oder zumindest von einem so großen Teil des Weges, dass sie hungrig und durstig waren. Ich sehe ihn jetzt noch vor mir, wie er inmitten unserer Freunde aufstand, den Kopf in den Nacken geworfen und in der Hand eine Schale mit jenen überbackenen Austern, ohne die keine Party in Cambridge eine richtige Party war, und wie er sich an der Geschichte seines Abenteuers erfreute, das auf jeder Meile ihres Weges von den originellsten Charakteren und amüsantesten Begebenheiten gespickt war. Sie hatten ihre Reise mit einer Nachtruhe unterbrochen und sich auf der letzten Hälfte des Weges großzügig mit der Bahn versorgt; aber es war trotzdem ein gewaltiger Fußmarsch gewesen, den sie in zwei Tagen zurückgelegt hatten. Clemens war in jenen Jahren ein begeisterter Wanderer und erzählte immer von seinen Wanderungen mit Mr. Twichell zum Talcott's Tower, zehn Meilen außerhalb von Hartford. Während er ging, redete er natürlich und natürlich rauchte er. Immer wenn er ein paar Tage bei uns war, musste das ganze Haus gelüftet werden, denn er rauchte vom Frühstück bis zum Schlafengehen überall. Er ging immer mit einer Zigarre im Mund zu Bett, und manchmal, im Gedanken an meine Feuerversicherung, ging ich hinauf und nahm sie weg, noch brennend, nachdem er eingeschlafen war. Ich weiß nicht, wie viel ein Mann rauchen kann und trotzdem überlebt, aber anscheinend rauchte er so viel, wie ein Mann konnte, denn er rauchte unaufhörlich.

Er legte nicht viel Wert darauf, Leute zu treffen, wie ich mir einbildete, und wir waren gierig nach ihm für uns selbst; er war uns lieb; und ich hätte ihn nicht der kritischen Schärfe jener Cambridge-Bekanntschaft ausgesetzt, die ihn vielleicht nicht einmal für seinen transatlantischen Wert gewürdigt hätte. In Amerika war er ebenso augenblicklich wie enorm beliebt. Aber man muss zugeben, dass die höfliche Gelehrsamkeit hier viel länger als in England zögerte, ihn zu loben. In England freuten sich Rang, Mode und Kultur über ihn. Lord Mayors , Lord Chief Justices und Magnaten aller Art waren seine Gastgeber; er war in Landhäusern begehrt, und sein kühnes Genie fesselte die Gunst von Zeitschriften, die der Rest unserer Nation verschmähte. Aber in seinem eigenen Land war es anders. In dem Maße, wie die Leute sich für kultiviert hielten, stellten sie diese Qualität in Frage, die heute alle an ihm erkennen, die damals aber das inspirierte Wissen der einfältigen Masse war. Ich ging mit ihm zu Longfellow, aber ich glaube nicht, dass Longfellow viel aus ihm machte, und Lowell noch weniger. Er hielt inne, als ob er mit der langen semitischen Krümmung von Clemens' Nase innehalten würde, die er in seiner Leidenschaft, jeden mehr oder weniger als Juden zu betrachten, als unmissverständlich rassisch bezeichnete. Es waren zwei meiner anspruchsvollsten Cambridge-Freunde, die ihn mit den Engländern, mit ganz Europa akzeptierten – nämlich Charles Eliot Norton und Professor Francis J. Child. Norton war gerade von einem langen Auslandsaufenthalt zurückgekehrt und seine Urteile waren delokalisiert. Er begegnete Clemens, als ob sie beide in England gewesen wären, und freute sich über seine kühne Unabhängigkeit von der Umgebung und über die reiche Vielfalt und grenzenlose Reichweite seiner Gespräche. Child war von einer persönlichen Freiheit, die auf ihre anspruchsvolle Weise ebenso groß war wie die von Clemens selbst, und obwohl er ihn nur aus zweiter Hand kannte, frohlockte er, wie ich gleich erzählen werde, fast ausschließlich über den kühnsten Fall seiner Groteske. Ich kann nicht genau sagen, warum Clemens offenbar nicht die Gunst unserer Gemeinschaft von Schreibern und Gelehrten gewann, so wie es Bret Harte getan hatte, als er aus Kalifornien kam und sie vor sich her fegte, indem er ungestraft ihre Abendessen störte und ihre Mittagessen verzögerte; aber es ist sicher, dass er es nicht tat, und ich sollte das besser sagen.

Ich bin überrascht, aus den bibliographischen Quellen zu erfahren, dass er erst 1875 mit dem Manuskript von Tom Sawyer kam und mich bat, es zu lesen, als Freund und Kritiker und nicht als Herausgeber. Ich habe den Eindruck, dass dies auf Mrs. Clemens' Anregung geschah, da er selbst unsicher war, ob er es drucken lassen sollte. Sie vertraute mir – ich kann mit einer Genugtuung sagen, die mir heute nur wenige Dinge geben –, dass ich der wahre und herzliche Ratgeber ihres Mannes sein würde, und das war ich auch. Ich glaube, ich habe ihn in dieser Hinsicht nie enttäuscht, obwohl ich bei so vielen unserer Unternehmungen und Projekte durch meine temperamentvolle Vorliebe, aus jedem Vorhaben auszusteigen, falsch wie Wasser war. Ich glaube, das hat ihn nie aufgehört zu überraschen, und es hat mich immer überrascht; es scheint mir ganz untypisch zu sein; obwohl es sicher ist, dass ein Vorhaben, wenn ich es begonnen habe, mich mehr fesselt als ich es. Aber wie unwesentlich diese Angelegenheit auch sein mag, ich erinnere mich gern daran, dass ich Tom Sawyer durch und durch mochte und dies mit allen möglichen Ausschmückungen sagte. Sehr wahrscheinlich machte ich auch meine Vorschläge zu seiner Verbesserung; Ohne das wäre ich kein echter Kritiker gewesen; und ich bin sicher, dass sie dankbar angenommen und, so hoffe ich, nie umgesetzt wurden. Ich begleitete ihn zur Pferdebahnstation am Harvard Square, wie ich es oft tat, und setzte ihn mit seinem Manuskript in der Hand in einen Wagen, blieb und beruhigte ihn, soweit ich es beurteilen konnte. Ich weiß nicht, was seine Bedenken waren; vielleicht waren es die Bedenken seiner Frau, denn sie wollte, dass er nicht nur für seinen wilden und grenzenlosen Humor bekannt war, sondern auch für seine Schönheit und Zärtlichkeit und „natürliche Frömmigkeit"; und sie hätte ihn nicht nach einer zu großen Treue zu den rauen Umständen in Tom Sawyers Leben beurteilt. Das ist die Bedeutung, die ich in der Tatsache sehe, dass er mit diesen Zweifeln zu mir kam.

XIII.

Clemens hatte damals und viele Jahre lang die Angewohnheit, mir zu schreiben, was er tat und noch mehr, was er erlebte. Nichts regte seine Fantasie an, weder innerhalb noch außerhalb der täglichen Routine, aber er wollte mir davon schreiben, und er schrieb mit größter Ausführlichkeit und üppiger Dramatisierung, manchmal zwanzig oder vierzig Seiten lang, so dass ich jetzt vielleicht fünfzehnhundert Seiten seiner Briefe habe. Sie werden zweifellos eines Tages veröffentlicht werden, aber ich beziehe mich in diesen Aufzeichnungen nicht einmal darauf, da ich denke, dass sie dem Leser am besten mit den Zögern und Unsicherheiten eines alten Mannes vermittelt werden. Durch seine häufigen Abwesenheiten und meine eigene im Ausland und das Eindringen katastrophaler Sorgen wurde der reiche Strom seiner Briefe immer mehr unterbrochen. Manchmal hörte er fast auf, und dann kam er wieder, ein Sturzbach. In den allerletzten Wochen seines Lebens brach er in Wut aus, und obwohl er selbst zu schwach zum Schreiben war, diktierte er mir seine Wut, weil ich ihm einen gewissen Autor empfohlen hatte, dessen Wahrhaftigkeit er nicht leugnen konnte, den er aber wegen seiner Wahrhaftigkeit gegenüber schmutzigen und hässlichen Verhältnissen hasste. Im Grunde seines Herzens war Clemens ein Romantiker, und er hätte die Welt der Fiktion stattlich und schön gehabt und was auch immer die reale Welt nicht war; aber er war kein Romantiker , und er war ein zu hilfloser Künstler, um nicht zu wollen, dass seine eigenen Werke das Leben so zeigten, wie er es gesehen hatte. Ich bereitete mich gerade darauf vor, ihm für diese Briefe zu antworten, als ich las, dass er nach Hause gekommen war, um zu sterben; er hätte sich über die Antwort gefreut.

Er kam gern nach Boston, besonders zu den Mittag- und Abendessen, bei denen die großzügige Gastfreundschaft unseres Verlegers Osgood im Überfluss vorhanden war. Er wohnte gleich weit von Boston und New York entfernt und hatte besondere Freunde in New York, aber er sagte, er käme viel lieber nach Boston; in den letzten Jahren war er nie dort und hatte die Gewohnheit daran schon lange vor seiner Rückkehr aus Europa nach New York verloren. Bei diesen Festen, die oft im Stil von Reden nach dem Essen gehalten wurden, konnte man sich immer darauf verlassen, dass er etwas von erstaunlicher Köstlichkeit zu bieten hatte. Einmal, als Osgood sich keinen anderen Anlass für ein Abendessen vorstellen konnte, gab er sich selbst ein Geburtstagsessen und lud seine Freunde und Autoren ein. Das schöne und prächtige, kapitänsartige Gebrüll war da, und ich erinnere mich, wie Clemens in der langen, weitschweifigen Rede, in der er um den Tisch ging und jeden Kopf anstieß, und Osgood besonders besuchte, um ihm für seinen genialen Vorwand für unsere Unterhaltung zu danken, Gebrüll zu seinem Ingenieursgenie und seiner hypnotischen Kontrolle der Stadtverwaltungen gratulierte. Er sagte, wenn es einen Plan gäbe, eine Stadt zu einem Preis von einer Million trockenzulegen, indem man den Wasserstand in den Abwasserkanälen bergab ermittelt, würde ein Plan, die Stadt bergauf zu doppelt so hohen Kosten trockenzulegen und ihn ohne Widerstand durch den Stadtrat zu bringen, für Aufsehen sorgen. Es ist schwer zu sagen, ob die Zeit bei diesen Abendessen fröhlicher war oder bei den kleinen Mittagessen, bei denen Osgood, Aldrich und ich uns mit ihm trafen und den Nachmittag bis weit in die Winterdämmerung hinein unterhielten.

Er war eine große Persönlichkeit und die Hauptfigur bei einer der ersten der inzwischen abgedroschenen Autorenlesungen, die im Boston Museum zu Ehren von Longfellow abgehalten wurde. Es war der verstorbene George Parsons Lathrop (in diesen traurigen Tagen scheint jeder zu spät zu kommen), der sich die Lesung ausgedacht hatte, aber als es um den Preis für die Sitzplätze ging, konnte ich immer noch die Ehre für mich beanspruchen, ihn auf fünf Dollar festzusetzen. Der Preis, wenn nicht der Anlass, erwies sich als unwiderstehlich, und das Museum war vom Boden bis zur obersten Galerie voll. Norton leitete die Lesung, und als Clemens an die Reihe kam, empfing er ihn mit so vorzüglichen Lobpreisungen, wie er sie am besten zu geben verstand, aber bevor er schloss, fiel er einem jener Taktlosigkeiten zum Opfer, die die besondere Gefahr für Menschen mit dem größten Takt sind. Er musste an Darwins Begeisterung für Mark Twain denken und daran, wie er, wenn er von einem langen, anstrengenden Studientag kam und um Mitternacht ins Bett sank, einen Band Mark Twains zur Hand nahm, dessen Bücher er immer auf einem Tisch neben sich liegen hatte, und was auch immer sein quälendes Problem oder seine übermäßige Arbeit gewesen sein mochte, er fühlte sich sicher, dass er eine gute Nachtruhe davon haben würde. Es folgte eine Art Leere, die Clemens auf die einzig mögliche Weise ausfüllte. Er sagte, er sollte immer froh sein, dass er zur Ruhe dieses großen Mannes beigetragen hatte, dem die Wissenschaft so viel zu verdanken hatte, und dann, ohne zu warten, bis die Freude in jeder Brust ausbrach, begann er zu lesen. Es war merkwürdig, seinen Triumph beim Haus zu beobachten. Seine sorgfältig einstudierten Effekte erreichten zuerst die ersten Reihen im Parkett und schwappten in Gelächter zu den Stehplätzen an der Wand zurück, und dann mit einem schönen Wiederaufleben wieder zu den hinteren Parkettsitzen, und so stiegen sie von Galerie zu Galerie, bis sie in einem Katarakt von Applaus aus den obersten Sitzreihen zurückfielen. Er war ein so geübter Redner, dass er alle Register dieses einfachen Instrumentalisten kannte, und es besteht kein Zweifel, dass diese Ergebnisse aufgrund seines unfehlbaren Wissens genau beabsichtigt waren. Er war der vollendetste öffentliche Darsteller, den ich je gesehen habe, und es war ein unvergleichliches Vergnügen, ihm beim Vortrag zuzuhören; auf der Bühne war er der große und vollendete Schauspieler, der er auf der Bühne wahrscheinlich nicht gewesen wäre. Er liebte private Theateraufführungen und spielte gern mit seinen Kindern und ihren Freunden in Dramatisierungen seiner Geschichten wie „Der Prinz und der Bettelknabe“; aber ich habe ihn nie in einer dieser Szenen gesehen. Wenn er einem sein Manuskript vorlas, tat er dies mit einer gründlichen, wenn auch unfreiwilligen Anerkennung seiner dramatischen Qualitäten; er war der Ansicht, dass ein Schauspieler der vom Autor geschaffenen Figur die Hälfte hinzufügte. Zu meiner eigenen hastigen und halbherzigen Lektüre von Passagen, die ich ihm aus ungedruckten Kapiteln vortragen wollte (etwa aus „Das unentdeckte Land“ oder „Ein modernes Beispiel“), sagte er offen, dass meine Lektüre alles verderben könne. Er war realistisch, aber im Grunde theatralisch, und das zu Recht. Was wir uns fest vorgestellt haben, sollten wir auch anderen klarmachen, und wir sollten jede echte Kunst zu diesem Zweck einsetzen.

XIV.

Es kam eine Zeit, in der das Vortragen, das in seinen besten Jahren die Freude gewesen war, zu seinem Hass wurde, einem unaussprechlichen Hass, und in der er es mit unbeschreiblicher Heftigkeit ablehnte. Dennoch sehnte er sich immer noch nach diesen Fleischtöpfen, deren Geschmack auf seinem Gaumen verweilte und seine Nase füllte, nachdem er sich von der Bühne zurückgezogen hatte. Die Autorenlesungen, als sie ihre kurze Popularität gewonnen hatten, waren voller Anregungen für ihn. Aus dem eigenen Buch vorzulesen war nicht so schlimm wie einen Vortrag zu halten, der für den Zweck eines Vortrags geschrieben wurde, und er war schließlich bereit, Kompromisse einzugehen. Er hatte einen großartigen Plan, um mit Aldrich, Mr. GW Cable und mir in einem Privatwagen durch das Land zu reisen, mit einem eigenen Koch und allen Annehmlichkeiten, um in Saus und Braus zu leben. Wir sollten nur viermal pro Woche lesen, bei einer Unterhaltung, die nicht länger als anderthalb Stunden dauern sollte. Er würde der Impresario sein und uns anderen mindestens 75 Dollar pro Tag garantieren und alle Kosten des Unternehmens, das er vorläufig den Zirkus nannte, selbst tragen. Aber Aldrich und ich waren nicht mehr in jenen frühen Dreißigern, in denen wir uns so freudig vorstellten, dass „Memorable Murders" im Abonnement erscheinen würde; wir beide verabscheuten öffentliche Auftritte, und ich würde auf jeden Fall für ein Jahr nach Europa gehen. Der Plan fiel also ins Wasser, mit Ausnahme von Mr. Cable, der auf seine Art ein ebenso guter Künstler war wie Clemens und den Stoff seiner Bücher sowohl lesen als auch singen konnte. In einem weit weniger gewaltigen Rahmen machten die beiden gemeinsam die Runde auf der großen Vortragstour. Aber ich glaube, ein berühmter Vortragsleiter hatte die Aufsicht über sie und reiste mit ihnen.

Er war ein sehr optimistischer Mann, ein sehr liebenswürdiger Mensch und glaubte so sehr an das Glück, dass Clemens von ihm zu sagen pflegte, wie er es von einem seiner frühen Verleger sagte, man könne sich auf 50 % von allem verlassen, was er versprach. Ich selbst wurde viele Jahre später ein Anhänger dieses hoffnungsvollen Propheten und kann bezeugen, dass er zumindest in meinem Fall 99 % und sogar 100 % seines Wortes halten konnte . Ich war es, der meinem viel näher kam, denn ich begann bald, wegen der nervösen Anspannung meiner Vorlesungen und der erfreulichen, aber mörderischen Empfänge danach nicht mehr schlafen zu können, und ich war wirklich in jenem Zustand der Schlaflosigkeit, den Clemens in dem kurzen Brief erkannte, den ich nach einem halben Dutzend schlafloser Nächte von ihm aus der Weststadt erhielt. Er gratulierte mir sarkastisch dazu, dass ich „auf das Vorlesungsgebiet" gegangen war, und sagte dann: „Ich weiß, wo Sie jetzt sind. Sie sind in der Hölle."

In dieses Verderben geriet er erneut, als er sich auf diese Vortragsreise rund um die Welt begab, um die Schulden zu begleichen, die ihm durch den Bankrott seiner Verlagsfirma entstanden waren. Für ihn war es nicht nur das Verderben, oder vielmehr war es nur das Verderben für die Hälfte von ihm, die Hälfte des Autors; für die Hälfte des Schauspielers war es das Paradies. Der Autor, der Vorträge hält, ohne die Fähigkeit zu haben, den literarischen Ruf, den er dem groben Test der Augen und Ohren seines Lesers unterzieht, theatralisch zu untermauern, beschwört eine Gefahr und ein Elend herauf, die dem Vortragenden unbekannt sind, der sein erstes öffentliches Auftreten vom Podium aus hatte. Clemens war vom Anfang an auf dem Podium siegreich, und es wäre töricht, so zu tun, als hätte er dort nicht über seine Triumphe gejubelt. Aber ich nehme an, dass er mit den zermürbenden Nerven der mittleren Lebensjahre die persönliche Aufmerksamkeit, die auf ihn einprasselte, und all den unvermeidlichen Lärm der Sache immer mehr hasste. Doch er stellte sich der Situation und schuftete rund um unseren ermüdenden Globus, um auch den letzten Pfennig Schulden bezahlen zu können, die er unwissentlich gemacht hatte, die Schulden seiner Partner, die es gut gemeint und Böses getan hatten, nicht weil sie böse waren, sondern weil sie unklug und für ihre Arbeit ebenso ungeeignet waren wie er. „Bezahle, was du schuldest ." Das ist richtig, selbst wenn du es durch den Fehler anderer schuldest und selbst wenn du es einer Bank schuldest , die es dir nicht aus Liebe geliehen hat, sondern aufgrund der harten Geschäftslage und deiner Not.

Clemens' Verhalten in dieser Angelegenheit gereichte allen Nationen der Erde zu seinem Ruhm, und besonders dieser Nation, die so sehr in den Handel verstrickt ist und unter ihren vielen Dieben so wenig Ehre zuteilwird. Er hatte sich wie Walter Scott verhalten, was Millionen freute, die nicht wussten, wie Walter Scott sich verhalten hatte, bis sie erfuhren, dass er sich wie Clemens verhalten hatte. Zweifellos wird ihm dies in den Büchern des Recording Angel zugute kommen, aber was der Richter der ganzen Erde am Jüngsten Tag dazu sagen wird, ist nicht abzusehen. Es würde mich nicht überraschen, wenn er es für weniger verdienstvoll hielte als einige andere Dinge, die Clemens tat und war: weniger als seine Abscheu vor dem Spanischen Krieg und der Zerstörung der südafrikanischen Republiken und unserem Betrug an den Filipinos und seinem Hass auf die Sklaverei und seiner Zahlung seines Anteils an der Schuld unserer Rasse an die Rasse des farbigen Studenten, den er während des Colleges begleitete und seiner Unterstützung eines armen Künstlers während drei Jahren in Paris und seinem Angebot einer Chance für den jungen Mann, der der brillanteste unserer Schauspieler und Dramatiker wurde und seiner eifrigen Verzeihung für das gedankenlose Mädchen, das beinahe die Strafe für seine Unverschämtheit mit dem Verlust seiner Stelle bezahlt hätte und seiner Erinnerung daran, dass der unverschämte Bremser so wenig Dollar im Monat bekam und seiner Sympathie für die Arbeiter, die sich in ihren Gewerkschaften gegen Geld auflehnten und sogar seinem Mitleid mit dem verwundeten Vogel, der sein kleines Leben auf dem Gras verbrachte zum Vergnügen des grausamen Narren, der ihn erschoss. Diese und die tausend anderen Wohltätigkeiten und Wohltaten, die er offen oder heimlich walten ließ, nützen ihm vielleicht mehr als die Begleichung der Verbindlichkeiten seiner Firma gegenüber dem Richter der ganzen Erde, der sicherlich das Richtige tun wird, dessen Maßstäbe und Kriterien jedoch kein Mensch kennt, und ich am allerwenigsten.

Er zeigte kein großes Mitgefühl für die Menschen in ihren Ängsten, aber es ließ nie nach, und als ich viele Wochen krank lag, waren seine Briefe ein Trost für diejenigen, die befürchteten, ich könnte nicht wieder aufstehen. Er streckte seine Hand denen entgegen, die Hilfe brauchten, und erwies denen, die Güte brauchten, seine Hilfe. In meiner Erinnerung bleibt das trostlose Gefühl einer langen, langen Fahrt bis an die äußersten Enden des South End bei Boston, wo er eine unbekannte Person besuchte, deren Anspruch sich in einer immer länger werdenden Kette seit seinen frühen Tagen in Missouri erstreckte – eine höchst unzulängliche Person, in deren Leere die Düsternis des trüben Tages sich vertiefte, bis sie fast zu tief für Tränen war. Er ertrug die Tortur mit grimmigem Heldenmut und rauchte das Gefühl davon still weg, als wir in Pantoffeln , düster grübelnd und düster fluchend , nach Cambridge zurückfuhren . Aber er wusste, dass er das Richtige, das Gute getan hatte, und er war zufrieden. Er kam den ganzen Weg von Hartford auf sich, um mit mir ein Stück von mir zu sehen, in dem ich keine Freunde hatte. Alessandro Salvini gab eine Reihe von Matineen, deren Zuschauerzahl nie über die Zahl der tapferen zweihundert Zuschauer hinausging, die das Stück bis zum Ende ansahen. Er beruhigte meine ohnmächtige Stimmung mit einem Jubelschrei, der weit über die Maßen hinausging, stimmte in meinen Scherzen über die Tragik der Sache mit ein und trieb den Spaß weiter.

Zuvor war er Zeuge des ästhetischen Selbstmords von Anna Dickinson geworden, die in den Kriegstagen ein flammendes Licht der politischen Bühne gewesen war und von ihnen in einem glücklosen Ehrgeiz für das Theater verzehrt worden war. Für das arme Mädchen war ein Stück speziell für sie geschrieben worden, und als Anne Boleyn schimpfte und ermahnte sie sich durch die fünf Akte und kam dem völligen Scheitern des Antiklimax immer näher. Wir konnten uns vor Mitleid kaum ansehen, Clemens saß da in der Loge, die er mitgenommen hatte, mit seinem zottigen Kopf über die Ecke und seinen Pantoffeln unter sich zusammengerollt: Entweder ging er in seinen Pantoffeln zu einem Ort oder er nahm sie mit und zog sie an, sobald er seine Stiefel ausziehen konnte. Als es so weit war, dass wir ihrem Versagen nicht mehr folgen und leben konnten, begann er vom absoluten Ende ihrer Karriere zu sprechen, das die Sache war, und wie sie wahrscheinlich keine

Ahnung hatte, dass es das Ende war. Er philosophierte über die Barmherzigkeit der Tatsache und die Unwissenheit der meisten von uns, wenn wir todkrank oder tödlich verwundet sind. Wir denken, es sei nicht das Ende, weil wir noch nie zuvor geendet haben und nicht wissen, wie wir enden können. Manche können die schreckliche Stunde überstehen und wieder leben, aber für Anna Dickinson konnte und gab es keine solche Palingenese . Natürlich empfanden wir jene feierliche Freude, ihr Schicksal richtig zu deuten, die die Entschädigung des weisen Zuschauers ist, der das unerbittliche Schicksal anderer miterlebt .

XV.

Als die Herren Houghton & Mifflin Eigentümer des Atlantic Monthly wurden, hatte Herr Houghton Lust, einige Frühstücke und Abendessen zu veranstalten, bei denen der Verleger und der Herausgeber den von nah und fern eingeladenen Mitarbeitern gegenüberstehen sollten. Natürlich lauerte der raffinierte Teufel der Werbung, der inzwischen so unverschämt dreist geworden ist, bei diesen Banketten unter der Decke, und der Juniorpartner und der junge Herausgeber hatten gemeinsam und getrennt ihre eigenen großen Ängste und Bedenken hinsichtlich des Geschmacks und der Prinzipien dieser Bankette; aber es waren wirklich sehr aufrichtige und ehrlich gemeinte Gastfreundschaften, und sie gediehen, wie es sein sollte, und bereiteten viel Freude und keinen Kummer. Ich habe einige der „unerwarteten Gelegenheiten" vergessen, aber ich bin mir sicher, dass es ein Geburtstagsessen gab, das Whittier völlig unerwartet annahm, und ein Geburtstagsmittagessen für Mrs. Stowe, und ich glaube, ein Geburtstagsessen für Longfellow; aber die vergangenen Jahre haben mich im Dunkeln gelassen, was den Vorwand für jenes Abendessen angeht, bei dem Clemens seine schreckliche Rede hielt und uns allen beinahe das Leben gekostet hätte. Beim Frühstück und Mittagessen hatten wir das Vergnügen der Gesellschaft unserer weiblichen Mitarbeiter, aber an diesem Abend waren nur Männer da und wir überlebten dank unserer enormen Stärke.

Ich nehme an, es war ungefähr das Jahr 1879, aber hier ist der Almanach unwichtig, und ich kann nur sagen, dass es war, nachdem Clemens ein sehr geschätzter Mitarbeiter der Zeitschrift geworden war, wo er sich zu seiner eigenen großen Zufriedenheit befand. Er hatte unsere Einladung freudig angenommen und eine Rede versprochen, die er, wie sich später herausstellte, mit ungewöhnlicher Sorgfalt und Zuversicht vorbereitet hatte. Er hatte die Angewohnheit, seine Reden immer auszudenken, sie im Geiste zu formulieren und sie dann mit einem eigentümlichen System von Mnemotechniken auswendig zu lernen, das er erfunden hatte. Auf dem Esstisch symbolisierte eine bestimmte Abfolge von Messer, Löffel, Salzstreuer und Butterteller eine Gedankenkette, und auf dem Billardtisch dienten eine Kugel, ein Queue und ein Stück Kreide demselben Zweck. Mit einem Diagramm dieser Dinge, das in sein Gehirn eingraviert war, beherrschte er die Sätze, die er ihnen durch sein Nachdenken zugeordnet hatte und die die Ideen in perfekter Form verkörperten, vollkommen. Er glaubte, mit seiner Idee für die Rede des Abends besonders viel Glück gehabt zu haben, und er hatte sie in freudiger Selbstsicherheit ausgearbeitet. Es war die Idee von drei Landstreichern, drei Taugenichtsen, die ein kalifornisches Bergarbeiterlager besuchten und sich den unschuldigen Bergarbeitern als Ralph Waldo Emerson, Henry Wadsworth Longfellow und Oliver Wendell

Holmes aufdrängten. Der Humor der Idee musste je nach Stimmung des Zuhörers Erfolg haben oder nicht, aber Clemens war sicher, dass er damit Sympathie gewinnen würde, und er sah einem beispiellosen Triumph entgegen.

Aber es gab zwei Dinge, die er nicht berücksichtigt hatte. Das eine war die Art religiöser Verehrung, die diese Männer von denen, die ihnen am nächsten standen, entgegengebracht bekamen, eine Sache, die ich Leuten, die zeitlich und örtlich weit von ihnen entfernt waren, nicht hätte vorstellen können. Sie waren Männer von außerordentlicher Würde, von dem, was man Präsenz nennt, in Ermangelung eines klareren Wortes, so dass niemand ihnen in einer persönlich leichtfertigen oder leichtfertigen Stimmung begegnen konnte. Ich nehme an, dass niemand sie wirklich mehr schätzte oder frommer liebte als Clemens selbst, aber der Rausch seiner Phantasie trieb ihn über die Grenzen dieser Wertschätzung hinaus und ermutigte ihn zu dem anderen, was er nicht berücksichtigt hatte – nämlich das enorme Risiko, seine Phantasie vor ihren Augen auszuleben und zu erwarten, dass sie sich daran erfreuen würden. Wenn weder Emerson noch Longfellow noch Holmes da gewesen wären, hätte der Plan möglicherweise funktioniert, aber selbst das ist zweifelhaft, denn diejenigen, die sie so fromm verehrten, hätten ihren Schrecken nur schwer und vielleicht überhaupt nicht überwunden.

Der Verleger hatte mit einer mir gegenüber sehr undankbaren Bescheidenheit sein Amt als Gastgeber niedergelegt, und ich war der unglückliche Präsident, der die verhasste Funktion erfüllte, die Leute aufzurufen und zum Reden zu bringen. Als ich zu Clemens kam, stellte ich ihn mit der herzlichen Bewunderung vor, die ich für ihn als einen meiner größten Mitarbeiter und liebsten Freunde empfand. Kurz gesagt, hier, sagte ich, war ein Humorist, der einen nie den Kopf hängen ließ, weil man seinen Witz genossen hatte; und dann überfiel uns der erstaunliche Fehler, der verwirrende Patzer, die grausame Katastrophe. Ich glaube, nachdem der Umfang der Burleske klar geworden war, gab es niemanden dort, einschließlich des Burleskers selbst, der nicht von einer trostlosen Bestürzung erfasst wurde. Es trat eine Stille ein, die viele Tonnen pro Quadratzoll wog, die von Moment zu Moment tiefer wurde und nur durch das hysterische und markerschütternde Gelächter eines einzelnen Gastes unterbrochen wurde, dessen Name nicht in die Schande geraten soll. Keiner wusste, ob er den Sprecher oder seinen Teller ansehen sollte. Ich entschied mich für meinen Teller, weil er mich am wenigsten störte, und so weiß ich nicht, wie Clemens aussah, außer als ich einen verstohlenen Blick auf ihn warf und ihn einsam inmitten seiner entsetzten und entsetzlichen Zuhörer stehen sah, mit seinem toten Witz in den Händen. Schon beim ersten Blick auf die drei Großen, die sein Scherz zum Thema gemacht hatte, bemerkte ich Longfellow, der aufrecht dasaß und den Humoristen mit nachdenklichem Blick betrachtete,

Holmes, der eifrig an seiner Speisekarte schrieb und dabei gut vortäuschte, in Gedanken versunken zu sein, und Emerson, der seine Ellbogen hielt und mit einer Art jovianischem Vergessen dieser Unterwelt zuhörte, in jenem Gedächtnisverlust, der ihn in jenen späteren Jahren vor so viel Ärger bewahrte. Clemens muss seinen Witz auf den Höhepunkt gebracht und es dabei belassen haben, aber das kann ich aus irgendeinem Grund nicht sagen. An das, was später an dem Tisch geschah, an dem die gewaltige, vollkommen unschuldige, wahrhaft unvorstellbare Beleidigung ausgesprochen wurde, kann ich mich nicht mehr erinnern. Als nächstes erinnere ich mich, dass ich in einem Zimmer des Hotels war, in dem Clemens nicht schlafen, sondern sich verzweifelt hin und her wälzen sollte, und dass Charles Dudley Warner in der Dunkelheit sagte: „Also, Mark, du bist ein komischer Kerl." Das war so gut wie alles andere, was er hätte sagen können, aber Clemens schien nicht in der Lage zu sein, die Anerkennung anzunehmen.

Ich übernachtete bei ihm, und am nächsten Morgen fuhren wir nach einem dürftigen Frühstück umher, und er kaufte ein paar Krimskrams für sein Haus in Hartford, mit einer Seele, die so weit von Krimskrams entfernt war, wie es nur eine Menschenseele sein kann. Er fuhr mit einem frühen Zug nach Hause und verlor keine Zeit, den drei göttlichen Persönlichkeiten zu antworten, die er so unfreiwillig zu verspotten schien. Sie alle schrieben ihm zurück und machten es ihm so leicht wie möglich. Ich habe gehört, dass Emerson ziemlich verwirrt war und in seiner erhabenen Vergesslichkeit fragte: „ Wer war dieser Herr, der anscheinend dachte, er hätte ihm irgendeine Art von Ärgernis zugefügt?" Aber ich bin nicht sicher, ob das stimmt. Sicher bin ich mir jedoch, dass Longfellow ein paar Tage später in meinem Arbeitszimmer vor einem Foto von Clemens stehen blieb und sagte: „Ah, er ist ein Witzbold!" und nichts weiter. Holmes erzählte mir mit tiefer Ergriffenheit, wie sie ein Humorist wohl empfinden könnte, dass er keine Sekunde gezögert habe, Clemens' Brief zu beantworten, ihm zu versichern, dass er nicht im Geringsten beleidigt worden sei, und ihn zu bitten, nie wieder an die Sache zu denken. „Er sagte, er sei ein Narr, aber er war Gottes Narr", zitierte Holmes aus dem Brief mit einem wahren Gefühl für das Pathos und den Humor der Selbsterniedrigung.

Eine Woche später schrieb mir Clemens: „Es wird nicht besser, es brennt wie Feuer." Aber jetzt verstehe ich, dass es nicht Scham war, die brannte, sondern Wut über einen Fehler, den er so unglaublich begangen hatte. Dass er diese Männer, die würdigsten unserer Literatur, unserer Zivilisation, als unpersönlich für drei Landstreicher betrachtete und sich dann einbildete, er könne sie persönlich bitten, sich an dieser monströsen Travestie zu erfreuen, war ein Bruch, den er zu spät erkannte und der nicht mehr zu reparieren war. Doch die Zeit kam, und nicht sehr lange danach, als jemand den Vorfall als Fehler bezeichnete, und er sagte mit all seiner Wildheit: „Aber ich gebe nicht zu, dass es ein Fehler war", und das war in den Augen aller Zeugen aus zweiter Hand nicht der Fall. Am Morgen nach dem schrecklichen Abendessen kam eine glühende Nachricht von Professor Child, der den Zeitungsbericht darüber gelesen hatte. Er lobte Clemens' Burleske als das beste Stück Humor der Welt und verriet keinerlei Gefühl der Unvereinbarkeit, dass sie in Gegenwart ihrer Opfer aufgeführt wurde. Ich glaube, es muss schon immer in Clemens' Seele wurzeln, dass er die Beute der Umstände war und dass er, wenn er günstigere Gelegenheiten hätte, seinen Verlust wiedergutmachen könnte, indem er der Sache den richtigen Rahmen gab. Vor nicht mehr als zwei oder drei Jahren kam er, um mich auf die Probe zu stellen, und zwar bei einem Treffen von Zeitungsleuten in Washington. Ich musste meine Befürchtungen eingestehen, während ich Childs Nachricht anführte, aber am Ende versuchte er es nicht bei den Zeitungsleuten. Ich weiß nicht, ob er sie jemals gedruckt hat oder nicht, aber seit die Sache passiert ist, habe ich mich oft gefragt, wie viel Anstoß daran wirklich lag. Ich bin mir nicht sicher, ob das Entsetzen der Zuschauer den Opfern der unglücklichen Komik mehr Empörung vermittelte, als sie selbst empfanden. Aber es muss für sie schwierig gewesen sein, es mit Gleichmut zu ertragen. Natürlich wurden sie nicht verspottet; der Witz war natürlich nicht ihre Sache; dennoch wurde mit ihrer Persönlichkeit gespielt , und ich konnte nur mit dem Gedanken enden, dass es mir selbst nicht gefallen hätte, wenn ich an ihrer Stelle gewesen wäre. Clemens selbst hätte es gemocht, denn er hatte ein Herz für diese Art von wildem Spiel, und er liebte Witze so sehr, dass er sie geliebt hätte, selbst wenn sie die Form einer Freiheit angenommen hätten und dennoch ein guter Witz gewesen wären. Aber vielleicht war diese Burleske kein guter Witz.

XVI.

Clemens war am häufigsten bei mir in Cambridge, aber manchmal auch bei mir in Belmont; als wir nach einem Jahr in Europa nach Boston zogen, war er seltener bei uns. Wir konnten nie lange zusammen sein, ohne dass etwas Ungewöhnliches passierte, und eines Tages geschah etwas sehr Ungewöhnliches, das glücklicherweise nicht den Charakter einer absoluten Tragödie hatte, sondern eher die traurigste Art von Komödie blieb. Wir schauten aus dem Fenster meiner Bibliothek auf den Blick auf den Charles, den ich so stolz mit meinem fast unmittelbaren Nachbarn, Doktor Holmes, teilen konnte, als ein anderer Freund, der bei uns war, mit seltsam unpersönlichem Interesse rief: „Oh, sehen Sie die Frau, die ins Wasser steigt!" Das hätte Neugier und Angst geweckt, die weit weniger lebhaft waren als bei uns, und Clemens und ich rannten die Treppe hinunter und durch meinen Keller und das Hintertor hinaus. Zur gleichen Zeit kam ein Kutscher aus einem Stall nebenan und packte eine Frau an den Schultern, die etwas bedächtig die Stufen zum Wasser über die Böschung hinunterstieg. Bevor wir sie erreichen konnten, hatte er sie zur Einfahrt hinaufgezogen und hielt sie dort fest, während sie wie verrückt über ihre Rettung trauerte. Sobald er uns sah, ging er zurück in seinen Stall und ließ uns mit dem armen wilden Geschöpf zurück. Sie war nicht sehr jung und nicht sehr hübsch, und wir konnten uns nicht mit der Vorstellung schmeicheln, dass in ihrem Selbstmordwahn irgendetwas Romantisches steckte, aber wir konnten sie auf der allgemeinen menschlichen Ebene behandeln, und auf dieser Grundlage schlugen wir vor, sie die Beacon Street hinauf zu begleiten, bis wir sie in die Obhut eines jener freundlichen Polizisten geben konnten, die unsere Nachbarschaft kannte. Natürlich war auf dem ganzen Weg zum Public Garden kein uns bekannter oder unbekannter Polizist zu sehen. Wir mussten unsere Aufgabe bei ihrem gegenwärtigen Plan, sich zu ertränken, umgehen und sie an den Straßen vorbeiführen, die Beacon überquerten, bis zum Fluss. An diesen Stellen erforderte es beträchtliche Argumentation, um ihren Wunsch zu überwinden, und einige aktive Manöver von uns beiden, um unsere Argumente durchzusetzen. Niemand sonst schien sich dafür zu interessieren, und obwohl wir durch die Erfüllung der uns so seltsam auferlegten Pflicht keine Aufmerksamkeit auf uns lenkten, war es doch ziemlich enttäuschend, so völlig ignoriert zu werden.

Zwischen 302 Beacon Street und dem Public Garden gibt es etwa vier oder fünf Übergänge zum Fluss, und als wir dort ankamen, waren die uns zur Verfügung stehenden Vorschläge ziemlich erschöpft. Der erwartete Polizist war noch immer nirgends zu sehen, aber Clemens kam eine brillante Idee. Er fragte mich, wo die nächste Polizeistation sei, und als ich es ihm sagte, raste er so schnell er konnte los und überließ mir die alleinige Verantwortung für unsere unglückliche Mündel. All meine Überzeugungskraft war nun aufs Äußerste gefordert, und ich begann, als kleiner, stämmiger Herr in den frühen mittleren Jahren Aufmerksamkeit zu erregen, der versuchte, einer anständigen Frau ihre persönliche Freiheit zu nehmen, als sein Komplize ihn seinem bösen Plan überlassen hatte. Nachdem es viel länger gedauert hatte, als ich gedacht hätte, einen Polizisten von der Station zu holen, tauchte Clemens wieder auf und unterhielt sich ungezwungen mit einem Beamten, der wahrscheinlich erkannt hatte, dass er in der Gesellschaft von Mark Twain war, und es nicht eilig hatte, das Gespräch zu beenden. Er nahm unsere Gefangene in Besitz, und wir sahen sie nicht mehr. Ich wundere mich jetzt, dass wir sie trotz unseres gemeinsamen Instinkts zum Scheitern je losgeworden sind; aber ich bin sicher, dass wir es geschafft haben, und nur wenige Dinge im Leben haben mir mehr Erleichterung verschafft. Als wir zu meinem Haus zurückkehrten, fanden wir den Freund, den wir dort zurückgelassen hatten, völlig gelassen vor und nicht sehr daran interessiert, die Einzelheiten unseres Abenteuers zu erfahren. Ich habe den Eindruck, dass er auf meinem Sofa ein Nickerchen gemacht hatte; er wirkte erfrischt und sogar fröhlich; aber wenn ich in diesen Einzelheiten ungenau bin, ist er noch am Leben, um mir das zu widerlegen.

XVII.

Kurz darauf ging Clemens mit seiner Familie ins Ausland und lebte mehrere Jahre in Deutschland. Seine Briefe kamen noch immer, aber in größeren Abständen, und die Verbindung unserer engen Beziehungen riss unvermeidlich ab. Er schrieb mir, wenn ihm etwas von dem, was ich geschrieben hatte, gefiel, oder wenn ihm etwas Bedeutendes einfiel, oder wenn ihn ein politischer oder sozialer Skandal in Rage versetzte und er seinen Geist in frommer Gotteslästerung freisetzen wollte. Während dieses Aufenthalts wäre er in Berlin beinahe an einer Lungenentzündung gestorben und hatte nach seiner Heimkehr leichte Rückfälle. In Berlin hatte er auch die Ehre, mit dem deutschen Kaiser am Tisch einer Cousine zu speisen, die mit einem hohen Hofbeamten verheiratet war. Clemens war ein Mann, der sich einer solchen Auszeichnung erfreute; er wusste, sie als eine ihm von den Deutschen zuteilwerdende Anerkennung zu betrachten; aber da sie von einem ziemlich übermütigen Herrscher kam, der sich bis jetzt nur auf seine Souveränität verlassen konnte, war er nicht sehr stolz darauf. Er drückte eine stille Verachtung des Ereignisses zwischen der Kaiserlichkeit und ihm selbst aus, dem es angeblich solchen Ruhm verlieh, und krönte sein Leben mit dem obersten Lorbeerblatt. In derselben Stimmung war er auch in seinem Bericht über ein englisches Abendessen viele Jahre zuvor, bei dem ein „kleiner schottischer Lord“ anwesend war, auf den die Engländer stillschweigend Clemens‘ Rede bezogen, und lachten, wenn der Lord lachte, und waren ernst, wenn er nicht lächelte. Von allen Männern, die ich kannte, war er am weitesten davon entfernt, ein Snob zu sein, obwohl er Anerkennung schätzte und die Schmeicheleien der vornehmen Leute mochte, wenn sie ihm über den Weg liefen. Er würde sich dafür nicht besonders anstrengen, aber wie die meisten fähigen und brillanten Männer liebte er den Geist der Frauen, ihren Witz, ihre agile Klugheit, ihre sensible Wahrnehmung, ihre humorvolle Wertschätzung, die frechen Dinge, die sie sagen würden, und ihre hübschen, verwegenen Herausforderungen . Er hatte natürlich das schärfste Gespür dafür, was an Menschen wirklich würdevoll und wirklich würdelos war; Aber was wir gesellschaftliche Angelegenheiten nennen, interessierte ihn nicht wirklich; für ihn existierten sie kaum, obwohl seine Bücher bezeugen, wie sehr er die schrecklichen Narren verabscheute, die sich aufgrund irgendeiner Abstammung oder eines Reichtums für anders als die anderen Menschen hielten.

Normalerweise behielt er Dinge nicht für sich, vor allem Abneigungen und Verurteilungen nicht. Zu den meisten aktuellen Ereignissen hatte er eine feste Meinung und äußerte sie auch energisch. Nach einer Weile schwieg er dazu, aber wenn man ihn auf die Probe stellte, war er immer noch bei seiner Meinung. Er war durch einen gewissen berühmten Prozess furchtbar aufgeregt, wie die meisten von uns, die damals dabei waren. Er glaubte, der Angeklagte sei schuldig, aber als wir uns einige Monate nach dem Prozess trafen und ich ihn dazu verleitete, seine Meinung dazu zu sagen, sagte er nur, der Mann habe genug gelitten; als ob der Mann sein Unrecht gesühnt hätte und er nichts unternehmen würde, um seine Strafe zu erneuern. Ich fand das sehr merkwürdig, sehr feinfühlig. Seine fortgesetzte Schuld durfte dem Leidenden nicht bekannt werden, aber er fühlte sich verpflichtet, davon Abstand zu nehmen.

Er neigte dazu, sich in der Heftigkeit seines Grolls zu erschöpfen, oder er hatte sich so sehr damit verbraucht, ihn auszusprechen, dass er buchstäblich nichts mehr zu sagen hatte. Man konnte Clemens Beleidigungen vorwerfen, die andere Männer erzürnten, und es kümmerte ihn nicht; er erklärte sie der menschlichen Natur gegenüber; aber wenn er dachte, man hätte ihn in irgendeiner Weise betrogen, war man für immer verflucht und maranatha . Doch vielleicht nicht für immer, denn nach und nach, nach Jahren, schwieg er. Es gab zwei Männer, zwischen denen eine halbe Generation lag, die er in ihrem Verrat ihm gegenüber für gleichermaßen grausam hielt und über die er in furchtbaren Worten zu sprechen pflegte, selbst nachdem sie nicht mehr auf der Welt waren. Er ging weiter als Heine, der sagte, er vergebe seinen Feinden, aber nicht bevor sie tot seien. Clemens vergab seinen toten Feinden nicht; ihr Tod schien ihre Verbrechen zu verschlimmern, wie eine niederträchtige Ausflucht oder ein feiger Fluchtversuch; er verfolgte sie bis ins Grab; er würde sie gern ausgraben und sich an ihrem Lehm rächen. Das sagte er, aber zweifellos hätte er ihnen nichts getan, wenn sie noch am Leben gewesen wären. Er war maßlos großzügig; er vertraute maßlos, aber wenn seine Großzügigkeit missbraucht oder sein Vertrauen verraten wurde, war er ein Feuer der Rache, eine verzehrende Flamme des Misstrauens, die kein Tropfen kühler Geduld von anderen löschen konnte; sie musste von selbst ausbrennen. Er war eifrig und großzügig gastfreundlich, aber wenn ein Mann bereit schien, sich an ihm zu mästen oder sich irgendwie auf ihn zu legen, verachtete Clemens ihn unsagbar. In seinen Anfällen von Groll oder Misstrauen wollte und konnte er nicht auf Vernunft hören. Aber wenn er zwischen den Anfällen mit den Tatsachen konfrontiert wurde, gab er sie zu, egal wie sehr sie gegen ihn sprachen. Einmal bildete er sich ein, eine bestimmte Zeitung würde ihn mit beißender Kritik und giftigen Absätzen verfolgen, und er füllte sich mit Zorn, den er am Kopf des Herausgebers auslassen wollte. Später schrieb er mir voller Freude über seinen Fehler, Warner habe ihm geraten, die Zeitung auf derartige Beleidigungen zu überwachen. Er hatte dies getan, und wie viele Erwähnungen von ihm hatte er wohl in drei Monaten gefunden? Nur zwei, und sie waren eher gleichgültig als unfreundlich. So wurde die Zeitung freigesprochen und das Leben des Herausgebers verschont. Der Schurke erfuhr nie, wie nahe er daran war, sie zu verlieren, mit unglaublichen Vorbemerkungen und einer anschließenden Hingabe an dauerhafte Schande.

Sein Gedächtnis für Gefälligkeiten war ebenso gut wie für Verletzungen, und er erwiderte Ihre Freundlichkeit gern mit so lauter Musik, wie man sie für den Anlass kaufen oder bestechen konnte. Sie mussten lediglich zu verstehen geben, dass Sie seine Hilfe wollten. Als mein Vater während Arthurs Amtszeit Konsul in Toronto war, bildete er sich ein, dass sein Platz in Gefahr war, und er appellierte an mich. Ich wiederum appellierte an Clemens und dachte dabei an seine Freundschaft mit Grant und Grants Freundschaft mit Arthur. Ich bat ihn, Grant im Namen meines Vaters zu schreiben, aber nein, antwortete er mir, ich müsse nach Hartford kommen, und wir würden zusammen nach New York weiterfahren und Grant persönlich treffen. Das war, bevor, und lange bevor Clemens Grants Verleger und großartiger Wohltäter wurde, aber die Männer mochten sich, wie es für solche Männer unvermeidlich war. Clemens vereinbarte die Verabredung, und wir suchten Grant in seinem Geschäftsbüro auf, dem Ort, an dem seine geschäftliche Unschuld später so verraten wurde. Er war sehr einfach und herzlich, und ich fühlte mich sofort wohler bei ihm, weil er den weichen, runden Ohio-Akzent hatte, den ich in meinen Jahren von meinen Onkeln, die Dampfschiffe fuhren und meine ersten Helden waren, gewöhnt war. Als ich ihm mein Anliegen vortrug, sagte er nur: „ Oh nein, das darf nicht sein, er würde an Mr. Arthur schreiben", und das tat er noch am selben Tag. Und mein Vater lebte noch, bis er sein Amt niederlegte, als er es satt hatte, ohne dass er von oben dazu gedrängt wurde .

Es ist für Clemens nicht unerheblich, dass Grant es zu mögen schien, in der Gesellschaft zweier Literaten zu sein, von denen er sich zumindest eines sicher sein konnte, und im Gegensatz zu dem schweigsamen Mann, der ihm nachgesagt wurde, redete er ständig, und, soweit er konnte, sprach er über Literatur. Zumindest sprach er von John Phoenix, dem entzückendsten der frühen Humoristen von Pacific Slope, den er unter seinem richtigen Namen George H. Derby gekannt hatte, als sie Kadettenkameraden in West Point waren. Es war sehr hübsch, wie Pepys sagen würde, die zarte Ehrerbietung zu sehen, die Clemens unserem schlichten Helden entgegenbrachte, und den männlichen Respekt, mit dem er zuhörte. Während Grant redete, wurde sein Mittagessen aus einem bescheidenen Restaurant in der Nähe gebracht , und er bat uns, mit ihm gebackene Bohnen und Kaffee zu essen, die uns in einem kleinen Raum außerhalb des Büros serviert wurden, ungefähr unter denselben Umständen wie an einem Erfrischungsstand bei der Eisenbahn. Die gebackenen Bohnen und der Kaffee hatten in etwa die Qualität von Erfrischungen bei der Eisenbahn; aber sie mit Grant zu essen war, als würde man mit Julius Cäsar, Alexander oder einem anderen großen plutarchischen Feldherrn zu gebackenen Bohnen und Kaffee zusammensitzen. Eine der größten Befriedigungen in Clemens' oft höchst zufriedenstellendem Leben war seine Beziehung zu Grant. Es war seine stolze Freude zu erzählen, wie er Grant dabei fand, einen Vertrag für sein Buch zu sicherlich sehr guten Konditionen zu unterzeichnen, und ihm sagte, er würde das Buch selbst veröffentlichen und ihm einen dreimal so hohen Prozentsatz geben. Er sagte, Grant schien zu zweifeln, ob er sich zu diesem Zeitpunkt ehrenhaft aus den Verhandlungen zurückziehen könne, aber Clemens überwand seine Skrupel, und es war sein beispielloses Privileg, sein fürstliches Vergnügen, dem Autor einen weitaus größeren Scheck für sein Werk zu zahlen, als je zuvor einem Autor gezahlt worden war. Noch mehr als diese großartige Gelegenheit schätzte er die heiligen Momente, in denen ihn ihr Geschäft in die Gegenwart des langsam sterbenden, heroisch lebenden Mannes brachte, mit dem er sich so angefreundet hatte; und er erzählte mir in Worten, die durch seinen Bericht sicherlich nichts von ihrem einfachen Pathos verloren, wie Grant sein Leiden beschrieb.

Der Erfolg dieses Unterfangens war der Anfang von Clemens' Unglück, denn es führte zu Exzessen des Unternehmertums, die Formen der Verschwendung waren. Der junge Bildhauer, der aus Paris zu ihm zurückgekehrt war, modellierte eine kleine Büste von Grant, die Clemens zu seinem großen Verlust in großer Zahl vervielfältigte, und der Erfolg von Grants Buch verleitete ihn dazu, sich auf die Meere des Verlagswesens zu begeben, wo sein Boot bald unterging. Die erste und größte seiner Katastrophen war das Leben von Papst Leo XIII., von dem er mir in einer Art wahnsinniger Begeisterung erzählte, als er es sich vorgestellt hatte. Ihm fehlten die Worte, um die Großartigkeit des Projekts zu beschreiben oder seinen kolossalen Erfolg vorherzusagen. Seine Verbreitung würde nur durch die Zahl der Katholiken in der Christenheit begrenzt sein. Es würde in jede Sprache übersetzt werden, die irgendwo geschrieben oder gedruckt wurde; es würde buchstäblich in jedem Land der Welt verbreitet werden, und Clemens' Buchagenten würden die Prospekte und dann die gebundenen Exemplare des Werks bis an die Enden der ganzen Erde tragen. Nicht nur würde es jeder Katholik glauben, sondern jeder Katholik musste es glauben, da er ein guter Katholik war und auf seine Rettung hoffte. Es war ein großartiger Plan, und er fesselte mich, wie er Clemens gefesselt hatte; er blendete uns beide, und keiner von uns sah den fatalen Fehler darin. Wir dachten nicht darüber nach, wie oft Katholiken nicht lesen konnten, und wie oft sie, wenn sie es konnten, nicht lesen wollten. Das Ereignis bewies, dass die überwältigende Mehrheit, ob sie nun lesen konnten oder nicht, das Leben des Papstes nicht lesen wollte, obwohl es von einem Würdenträger der Kirche geschrieben und mit aller Genehmigung des Vatikans der Welt zugänglich gemacht worden war. Clemens konnte diesen Misserfolg nicht fassen; seine heitere Seele war völlig verwirrt, und bald trat Schweigen ein, wo sie so überschwänglich gejubelt hatte.

XIX.

Die Gelegenheiten, die uns zusammen nach New York führten, waren nicht annähernd so häufig wie die, die uns in Boston zusammenführten, aber es gab ein Abendessen, das ihm ein Freund gab und das aufgrund der Albernheit der beiden anwesenden Männer in Erinnerung bleibt, die sich in allem außer ihrer Albernheit so sehr unterschieden. Der eine war der nette alte Komiker Billy Florence, der den erfolglosen Dramatiker am Tisch drängte, ihm ein Stück über Oliver Cromwell zu schreiben, und die Gründe dafür darlegte, warum er sich für besonders geeignet hielt, die Figur Cromwells darzustellen. Der andere war ein bescheidener reicher Mann, der damals gerade anfing, das Geld anzuhäufen, das später so hoch aufgetürmt war, und der noch immer in der Lage war, sich durch die Herablassung eines noch größeren Millionärs schmeicheln zu lassen. Sein Beitrag zu unserer Fröhlichkeit war der wörtliche Bericht über einen Besuch, den er bei William H. Vanderbilt gemacht hatte, den er gerade dabei gefunden hatte, die Stadt zu verlassen, mit seinen Koffern tatsächlich in der Eingangshalle, der aber geblieben war, um den Erzähler zu empfangen. Er hatte sich tatsächlich auf einen der Koffer gesetzt und mit der ungezwungensten Freundlichkeit und, wie wir schlussfolgern durften, ganz wie ein gewöhnlicher Mensch geredet. Clemens führte oft einen Teil des Gesprächs weiter, wenn wir von einem Abendessen zurückkamen, aber jetzt war er still, als sei er „hochtraurig und übersättigt"; und erst viel später stellte ich fest, dass er die Tatsachen bemerkt hatte, an der Bitterkeit, mit der er den reichen Mann verspottete, und dem Mitleid, das er für den Schauspieler ausdrückte.

Er hatte schon vorher damit begonnen, Beweise gegen die Menschheit zu sammeln, die schließlich zu seiner Theorie der „verdammten Menschheit" führten, wie er sie nannte. Dies war kein Ausdruck von Frömmigkeit, sondern von der freundlichen Verachtung, zu der ihn unsere Torheiten und Sünden trieben, wie er sie bei sich selbst und bei anderen beobachtet hatte. Es war wahrscheinlich eine so milde Menschenfeindlichkeit, wie sie die Objekte ihrer Verwünschung nur je liebkosen konnte. Aber ich glaube, es war etwa im Jahr 1900, als sein Gefühl unserer Verdammnis unerträglich wurde und in einer Mischung aus Abscheu und Belustigung ausbrach, die keine Gelegenheit ausließ, so dass ich durchaus verstehen konnte, warum Mrs. Clemens, als sie wegen einer Krankheit an ihr Zimmer gefesselt war, eine gewisse Entschädigung in dem Gedanken fand, dass sie nun nicht mehr so viel über die „verdammte Menschheit" hören sollte. Er erzählte davon mit derselben wilden Freude, mit der er davon erzählte, wie sie eine seiner umfassendsten Schimpfwörter wiederholte und erklärte, sie wolle ihn das hören lassen, damit er wisse, wie es klinge. Der Kontrast zwischen der grellen Gotteslästerung und ihrer himmlischen Blässe hätte ausreichen müssen, um jeden zu heilen, der weniger fest verwurzelt war als er in einer Gewohnheit, die man zugeben muss, nämlich mit ihm zu rauchen. Als ich ihn kennenlernte, ließ er seiner Wut selten auf diese Weise freien Lauf, und ich glaube, er hatte ihr ein Versprechen gegeben, das er heilig hielt, bis ihn die Nerven im Alter außer Gefecht setzten. Dann sähe es ihm ähnlich, mit sich selbst zu kämpfen, bis er nicht mehr kämpfen konnte, und sein Versprechen zurückzufordern, und es sähe ihr ähnlich, es zurückzugeben. Seine Gotteslästerung war das Erbe seiner Kindheit und seines jungen Mannesalters in sozialen Verhältnissen und unter dem Zwang von Notlagen, in denen jeder ungefähr so unpersönlich fluchte, wie er rauchte. Es ist am besten, die Tatsache anzuerkennen, und ich tue dies umso bereitwilliger, weil ich mir nicht vorstellen kann, dass der Aufzeichnungsengel wirklich viel mehr daran störte als sein Schutzengel. Es schmerzte sie wahrscheinlich ungefähr gleich, aber sie konnten es gleichermaßen verzeihen. Aus seiner Pose über „die verdammte Menschheit" wurde nichts, außer dass er den Human Race Luncheon Club erfand. Dieser war auf vier Personen beschränkt, die nie alle zusammenkamen, und er ging bald an ihrer Gleichgültigkeit zugrunde.

In den früheren Tagen, die mir besonders in Erinnerung geblieben sind, war eine der Fragen, die wir oft diskutierten, ob nicht jedes menschliche Motiv selbstsüchtig sei. Wir fragten nach jedem Impuls, dem edelsten, dem heiligsten, und er fand, dass sie letzten Endes selbstsüchtigen Ursprungs waren. Fast die gesamte Zeit einer bestimmten Eisenbahnfahrt von New York nach Hartford war damit verbracht, die Selbstaufopferung einer Mutter für ihr Kind zu untersuchen, die Hingabe des Liebhabers, der stirbt, als er seine Geliebte vor Feuer oder Flut rettet, den Mut des Helden auf dem Schlachtfeld und den des Märtyrers auf dem Scheiterhaufen. Er fand, dass alle diese Dinge der unbewussten Selbstliebe und der Furcht vor dem größeren Schmerz entsprangen, den der Selbstaufopfernde erleiden würde, wenn er auf das Opfer verzichtete. Wenn uns an diesem Tag noch Zeit für diese Frage blieb, muss er sie seinem tiefen Bedauern darüber gewidmet haben, dass Napoleon sein Vorhaben, England zu erobern, nicht durchführte, denn dann hätte er die feudale Aristokratie zerstört oder „die Lords reformiert", wie man es heute nennen würde. Er dachte, das wäre ein unschätzbarer Segen für das englische Volk und die Welt gewesen. Clemens war immer ein wunderbarer und unerschütterlicher Republikaner. Keine seiner gelegentlichen Befürchtungen um Amerika bedeutete eine Rückkehr zur Monarchie. Dennoch empfand er die Pracht der englischen Monarchie leidenschaftlich, und es gab eine Zeit, in der er sich an jener bildlichen Poesie erfreute, in der der König als „die Majestät Englands" bezeichnet wurde. Er brachte die Worte mit tiefer Kehle hervor und frohlockte über ihre Schönheit, als ob sie über jede andere Herrlichkeit der Welt hinausginge. Er las viel englische Geschichte oder befasste sich mit ihr, und eines der Nebenprodukte seiner rastlosen Erfindung war ein Spiel mit englischen

Königen (ähnlich dem Spiel mit Autoren) für Kinder. Ich weiß nicht, ob er es jemals perfektionierte, aber ich bin mir ziemlich sicher, dass es nicht auf den Markt kam. Sehr wahrscheinlich brachte er es bis zu einem praktikablen Stadium und wurde dann dessen überdrüssig, wie es ihm bei der Verwirklichung seiner vehementen Unternehmungen oft passierte.

XX.

Er befriedigte das leidenschaftliche Verlangen seiner Natur nach unaufhörlichen Aktivitäten aller Art, indem er sich sowohl persönlich als auch finanziell für die Erfindungen anderer interessierte. In einem Moment sollte „die verdammte Menschheit" beinahe durch ein Verfahren erlöst werden, bei dem Messing ohne Luftblasen gegossen wurde; wenn dies einmal gelingen würde, könnte Messing, wie ich es verstand oder missverstand, in einem bis dahin unmöglichen Ausmaß im Kunstdruck verwendet werden. Ich wage zu behaupten, dass ich mich irre, aber ich täusche mich nicht, was Clemens' Begeisterung für das Verfahren und seine hohen Verluste bei der Bezahlung seines endgültigen Scheiterns angeht. Gleichzeitig war er in die Perfektionierung einer Setzmaschine vertieft, für deren Perfektion er dem Erfinder ein Gehalt zahlte, das so teuer war, dass es praktisch undurchführbar war. Wir waren beide Drucker von Beruf, und ich konnte mich für dieses wunderbare Stück Mechanismus genauso interessieren wie er; und es war so wahrhaftig wunderbar, dass es alles konnte, außer gehen und sprechen. Sein genialer Schöpfer war so darauf versessen, das höchste Ideal darin zu verwirklichen, dass er eine Maschine von absolut unanfechtbarer Leistungsfähigkeit schuf. Aber sie war so teuer, dass sie, wenn sie fertig war, nicht für weniger als zwanzigtausend Dollar gebaut werden konnte, wenn die Teile von Hand gefertigt wurden. Diese Summe war eine Einführung unmöglich, es sei denn, man konnte das erforderliche Kapital auftreiben, um die Teile maschinell herzustellen, und Clemens verbrachte viele Monate vergeblich damit, dieses Geld zusammenzubekommen. In der Zwischenzeit waren einfachere Maschinen erfunden und der Markt gefüllt worden, und seine Investition von dreihunderttausend Dollar in das schöne Wunder blieb dauerhaft, aber nicht rentabel. Ich ging einmal mit ihm, um seine Vorführung zu sehen, und es schien mir das letzte Wort in seiner Art zu sein, aber es war zu exquisit, zu anspruchsvoll gesprochen worden. Ich habe nie gehört, wie er den Erfinder den höllischen Göttern weihte, wie er es mit den Genies zu tun pflegte, durch die er Geld verlor, und daher glaube ich, dass er ihn nicht als Verräter betrachtete.

In diesen Dingen und in seinen anderen Plänen für die " subiti Mit seiner „ Guadagni " des Spekulanten und dem „plötzlichen Schaffen glänzender Namen" für die Wohltäter unserer Spezies befriedigte Clemens die Natur des Colonel Sellers in sich (aus der er das Bild dieser wilden und liebenswerten Figur schöpfte) und machte vielleicht so guten Gebrauch von seinem Geld, wie er nur konnte. Er hielt nicht viel von Geld an sich, aber er schwelgte in der verschwenderischen Verwendung davon und war so großzügig damit, wie nur ein Mensch es sein kann. Er gab gern Geld, aber er wurde es gewöhnlich leid, es selbst zu geben, und wo immer er lebte, stellte er einen Almosenpfleger ein, dem er voll und ganz vertraute, dass er seine linke Hand in Unkenntnis darüber ließ, was seine rechte Hand tat. Ich glaube, er empfand keine Endgültigkeit in der Wohltätigkeit, sondern tat sie, weil sie in ihrer vorläufigen Art das Einzige war, was ein Mensch tun konnte. Ich habe ihn nie wirklich soziologische Untersuchungen durchführen hören, und ich habe das Gefühl, dass ihn so etwas verwirrte und entmutigte. Niemand kann The Connecticut Yankee lesen, ohne sich seines breiten Mitgefühls für die Armut bewusst zu sein, aber anscheinend hatte er sich keinen Plan ausgedacht, um die wirtschaftlichen Missstände, die wir im Überfluss haben, zu beheben. Ich kann mich nicht erinnern, dass wir jemals zu einer Diskussion über diese Angelegenheit gekommen wären; wir waren einmal sehr nahe daran, als „Looking Backward" eine gewaltige Welle der Emotionen über die Welt schickte, und noch einmal, als wir alle so beunruhigt waren über den großen Kohlestreik in Pennsylvania; als wir darüber nachdachten, dass er für diesen Moment an der Rechtmäßigkeit der Sache der Arbeiter zu zweifeln schien. Zu allen anderen Zeiten schien er zu wissen, dass die Arbeiter, egal, was für Unrecht sie begehen, immer im Recht sind.

Als Clemens nach seinen Vorträgen rund um die Welt mit seiner Familie nach Amerika zurückkehrte, sah ich ihn wieder in New York, wo ich ihn so oft sah, während er sich auf dieses heroische Unternehmen vorbereitete. Er kam zu mir und sprach voller Kummer über seinen finanziellen Ruin und stellte es sich als den Stoff eines unglücklichen Traums vor, der nach langem Wohlstand in die falsche Richtung gemündet war. Es war sehr melancholisch, sehr rührend, aber der Kummer, in den er von seiner langen Reise heimgekehrt war, hatte nicht diese trostlose Fassungslosigkeit an sich. Er sah wunderbar gesund aus, und als ich ihn nach dem Namen seines Elixiers fragte, sagte er, es sei Plasmon . Für einen Mann, der seinen Glauben so entschieden aufgegeben hatte, war er geneigt, ihn zurückzunehmen und auf irgendeinen Aberglauben zurückzuführen, meist hygienischer Art. Einmal, als er schon in hohem Alter war, kam er ohne Brille nach New York und verkündete, dass er und seine ganze Familie, die so astigmatisch, kurzsichtig und altsichtig waren, ihre Brillen sozusagen hinter sich verbrannt hätten, auf Anweisung eines Weisen, der herausgefunden hatte, dass sie eine Täuschung waren. Als er das nächste Mal kam, trug er freimütig, fast demonstrativ eine Brille, und ich hörte von anderen, dass die ganze Familie Clemens durch das Wunder, das für sie gewirkt worden war, beinahe ihr Augenlicht verloren hätte. Nun war ich nicht überrascht zu erfahren, dass „die verdammte Menschheit" durch Plasmon gerettet werden sollte, wenn überhaupt, und dass meine erste Pflicht darin bestand , mit ihm die Plasmon- Agentur aufzusuchen und genug Plasmon zu beschaffen , um meine Familie gegen die Übel abzusichern, die sie für immer erben würde. Ich verstand nicht sofort, dass Plasmon eine der Investitionen war, die er aus „der Substanz der erhofften Dinge“ und in das Schicksal einer katastrophalen Enttäuschung getätigt hatte. Aber nachdem er die Gläubiger seines verstorbenen Verlages ausbezahlt hatte, musste er etwas mit seinem Geld anfangen, und es war nicht seine Schuld, wenn er mit Plasmon kein Vermögen machte .

XXI.

Eine Zeit lang war unklar, ob er nicht mit seiner Familie in ihr altes Zuhause in Hartford zurückkehren sollte. Vielleicht zog es Vater und Mutter wegen des unauslöschlichen Kummers, der dort lag, umso stärker dorthin, aber für die Jüngeren war es nicht mehr das Maß der Welt. Es war für alle leichter, auf unbestimmte Zeit in New York zu bleiben, das ein Aufenthalt ohne Umstände und gleichermaßen die Heimat des Exils und der Unentschlossenheit ist. Die Clemenses mieteten ein schönes, geräumiges Haus in Riverdale am Hudson, und dort begann ich, sie wiederzusehen, so etwas wie in den guten alten Verhältnissen. Sie lebten viel bescheidener als früher und ich glaube, mit einem Sinn für Sparsamkeit, den sie nie sehr erfolgreich praktiziert hatten . Ich erinnere mich, dass Clemens mir am Ende eines bestimmten Jahres in Hartford, als sie alles gespart und bar bezahlt hatten, schrieb, mich an ihr erklärtes Experiment erinnerte und mich bat zu raten, wie viele Rechnungen sie zu Neujahr hatten; er beeilte sich zu sagen, dass ein Pferdewagen sie nicht befördert hätte. In Riverdale hatten sie keine Kutsche, und es war eine verschneite Nacht, als ich in dem Bahnhofswagen, der mit Schlamm verkrustet war wie von der Sintflut, nachdem er Noah und seine Familie von der Arche zu dem Ort gebracht hatte, an dem sie sich provisorisch niederlassen wollten, zu ihrem schönen alten Herrenhaus fuhr. Aber die guten Gespräche, die reichen Gespräche, die Gespräche, die niemals Armut des Geistes oder der Seele ertragen konnten, waren da, und wir fanden uns jubelnd wieder in unserer mittleren Jugend. Es war der gewaltige Moment, als Clemens seine Kriegsmaschinen zur Zerstörung der Christlichen Wissenschaft baute, die niemand, und er am allerwenigsten, durch Aberglauben zerstören wollte. Es wäre nicht leicht zu sagen, ob in seinen Gesprächen darüber sein Ekel vor dem ungebildeten Geschwätz in Mrs. Eddys Buch oder seine Bewunderung für ihr Organisationstalent größer war. Er glaubte, dass die Christian Science Church als religiöse Maschine genauso perfekt war wie die römische Kirche und dazu bestimmt war, die Gedanken der Menschen noch gewaltiger zu beherrschen. Er hoffte, dass sie sich in der gesamten Christenheit verbreiten würde, und während des Winters, den er in Riverdale verbrachte, war er bereit, allen Zuhörern mehr als entgegenzukommen, indem er ihnen seine Überzeugung von ihrem starken Verständnis für den durchschnittlichen menschlichen Wunsch, etwas umsonst zu bekommen, nahebrachte. Die inhaltslose Vulgarität ihrer Texte bereitete ihm ständig Freude, während er sich mit ernstem Respekt vor der Weisheit verneigte, die so fest auf dem ewigen Felsen menschlicher Leichtgläubigkeit und Torheit ruhte.

Ein interessanter Aspekt seiner Psychologie in diesem Geschäft war nicht nur seine Bewunderung für die meisterhafte Politik der Hierarchie der

Christian Science, sondern auch seine Bereitschaft, die Wunder ihrer Heiler an seinen Freunden und seiner Familie ausprobieren zu lassen, wenn sie es wünschten. Er hatte ein weiches Herz für die ganze Generation der Empiriker sowie für die neueren Arten von Wissenschaftlern , aber er schien seinen Glauben an sie größtenteils auf das Versagen der Stammgäste zu gründen und nicht auf ihre eigenen Erfolge, an die er ebenfalls glaubte. Er wünschte immer wieder, aber nicht hartnäckig, dass man ihre seltsamen Zauberkünste ausprobieren sollte , wenn man die bekannten Medikamente ausprobieren wollte.

XXII.

Die Reihenfolge meiner Bekanntschaft oder nennen wir es Vertrautheit mit Clemens war diese: unser erstes Treffen in Boston, meine Besuche bei ihm in Hartford, seine Besuche bei mir in Cambridge, in Belmont und in Boston, unsere kürzeren und selteneren Treffen in Paris und New York, alles mit wiederholten Unterbrechungen durch meine Abwesenheit in Europa und seine Aufenthalte in London, Berlin, Wien und Florenz und seine Flüge in die verschiedensten Winkel der Erde. Ich werde nicht versuchen, die Ereignisse dieser verschiedenen Zeiträume und Zeitpunkte nachzuzeichnen, wenn es sich nicht eher um subjektive Erfahrungen handeln würde. Ich darf nicht versäumen, seinen Sommer am Hafen von York und seine verschiedenen Wohnsitze in New York, in der Tenth Street und der Fifth Avenue, in Riverdale und in Stormfield einzubeziehen , das er, wie mir seine Tochter erzählte, von allen seinen Häusern am meisten liebte und dort für viele Jahre zu wohnen hoffte.

Von der Woche, die wir im Frühsommer 1904 zusammen in Paris verbrachten, ist mir nicht viel geblieben. Das Erste, was ich von meiner Bank bekam, war ein Telegramm mit der Mitteilung, dass mein Vater gelähmt sei, ich aber dringend gebeten wurde, zu bleiben, um weitere Informationen zu erhalten. Bis die letzte Vorladung kam, ging ich mit einem Nebel aus Sorge und Angst umher. Clemens war die ganze Zeit über sehr freundlich und brüderlich. In Gedanken lebte er in einem dieser kleinen Hotels mit Arkaden in der Rue de Rivoli und war von allen häuslichen Pflichten befreit, um mit mir herumzustreifen. Wir fuhren zusammen zu vielen Häusern, um ihm seine Verdauung zu erleichtern, da er aufgrund seiner Abneigung gegenüber der Gastfreundschaft Magenprobleme bekommen hatte, denn er hasste es, auswärts zu essen. Aber, wie er erklärte, seine Frau wollte, dass er diese Besuche machte, und er tat es, wie er alles tat, was sie wollte. An einem Ort, in einer Vorstadtvilla, bekam er keine Antwort auf sein Klingeln und hielt seine Karten über das Tor, als es sich öffnete, und er hatte die Schande, dem Mann, der sie abholte, in seinem unverständlichen Französisch alles erklären zu müssen. Er war seinen Taxifahrern gegenüber entsetzlich hilflos, aber indem er sehr herzlich lächelte und sich der Gnade der Fahrer überließ, schaffte er es immer, dorthin zu gelangen, wo er hinwollte. Die Familie stand kurz vor ihren vielen Umzügen und er erledigte einige kleine Besorgungen; er sagte, die anderen erledigten die Hauptsachen und ließ ihn tun, was die Katze tun würde.

Mit dieser Rückkehr auf die heitere Woge des Plasmons , erneuert in Aussehen und Gliedern, begann Clemens' allumfassende Popularität in seinem eigenen Land. In Europa war er bis dahin intelligenter akzeptiert oder allgemeiner wahrgenommen worden, und ich nehme an, dass es mein Gefühl dafür war, das mich zu der Dummheit inspirierte, als ich ihm sagte, als wir über den „Stand der höflichen Bildung“ unter uns sprachen: „Sie dürfen nicht erwarten, dass die Leute hier so weitermachen wie in England.“ Aber es schien, dass seine Landsleute nur die Gelegenheit wollten, und sie hielten sie ihm zu Ehren über alle Präzedenzfälle hinaus aufrecht. Man geht nicht auf einen Katalog von Abendessen, Empfängen, Versammlungen, Reden und dergleichen ein, wenn es wichtigere Dinge zu besprechen gibt. Er liebte diese offensichtlichen Freuden, und er bemühte sich eifrig bei den Gelegenheiten, die sie ihm gaben, um die Brillanz, die so unerschöpflich schien und so erschöpfend war. Seine Freunde sahen, dass er sich erschöpfte , und es war nicht nur Mrs. Clemens' Gesundheit wegen, dass sie froh waren, ihn in Riverdale unterzubringen. Die Familie lebte dort zwei glückliche, hoffnungslose Jahre, und dann wurde angeordnet, dass sie seiner Frau zuliebe in ein weniger anspruchsvolles Klima ziehen sollten. Clemens wollte nicht unbedingt nach Florenz, aber seine Fantasie war wie in alten Zeiten von der Vorstellung beseelt, seine Möbel aus seinem Haus in Hartford in flexible Stahlkäfige zu packen und sie in seiner Villa in Fiesole unberührt wieder auszupacken. Er empfand so viel Freude wie ein Mann nur an diesem Triumph des Geistes über die Materie, aber der Schatten kroch über sein Leben. An einem sonnigen Nachmittag saßen wir auf dem Rasen vor dem Herrenhaus, nachdem es seiner Frau so gut ging, dass sie wegziehen konnte, und wir blickten hinauf zu einem Balkon, auf dem sich nach und nach diese liebliche Präsenz zeigte, als ob sie sich aus einer Wolke herabgebeugt hätte. Eine Hand winkte zart mit einem Taschentuch; Clemens lief über den Rasen darauf zu und rief zärtlich: „Was? Was?“ als ob es eine Bitte für ihn sein könnte, statt der Begrüßung, die es wirklich für mich war. Es war das letzte Mal, dass ich sie sah, wenn man überhaupt sagen kann, dass ich sie damals gesehen habe, und lange danach, als ich sagte, wie schön wir sie alle fanden, wie gut, wie weise, wie wunderbar vollkommen in jeder Beziehung des Lebens, rief er mit brechender Stimme: „Oh, warum hast du es ihr nie gesagt? Sie dachte, du magst sie nicht.“ Was für ein Schmerz war es dann, es ihr nicht gesagt zu haben, aber wie hätten wir es ihr sagen sollen? Seine Unvernunft machte ihn mir sympathischer als all seine Weisheit.

Zu diesem Aufenthalt in Riverdale gehören meine Eindrücke seiner heftigsten Wutausbrüche gegen die christliche Wissenschaft, die mit der Verschiebung seines Buches begannen und sich in der Akzeptanz der Verzögerung abschwächten, bis er seinen Zorn bei der Veröffentlichung fast vergessen hatte. Es gab auch eine dieser gemeinsamen Episoden, die seltsamerweise nicht in einem völligen Misserfolg endete, wie die meisten unserer gemeinsamen Episoden. Er schrieb mir wütend über ein Unrecht, das einem der hilflosesten und einem der am meisten unterstützten unserer literarischen Brüder angetan worden war, und bat mich, ihm dabei zu helfen, das Geld zurückzuerhalten, das der Verleger dieses Bruders an einen falschen

Freund gezahlt hatte, der es einbehalten hatte und keine Rechenschaft darüber ablegen wollte. Unser unglücklicher Bruder hatte sich, wie er es auch bei mir getan hatte, mit den Fakten an Clemens gewandt, aber nicht um unsere Hilfe gebeten, wahrscheinlich weil er wusste, dass er nicht darum bitten musste; und Clemens legte mir eine sehr herzzerreißende Nachricht bei, die er dem falschen Freund schicken wollte. Ausnahmsweise war ich vernünftig und antwortete, dass das nicht gehen würde, da wir in der Sache wirklich keine Macht hätten. Und ich verfasste einen Brief an den Abtrünnigen, der so sanft diplomatisch war, dass ich immer mit Stolz daran denken werde, wenn meine Ehrlichkeit mich nicht mehr zufriedenstellt. Darin stand, dass wir von diesem Vorfall erfahren hatten, und wir waren sicher, dass er das Geld nicht zurückhalten wollte. Praktisch nichts weiter, aber das genügte; prompt kam ein Rechtfertigungsbrief zurück, der einen sehr beträchtlichen Scheck abdeckte, den wir vergnügt an unseren Begünstigten weiterleiteten. Aber der hilflose Mann, der es so gewohnt war, Hilfe zu bekommen, antwortete nicht mit der Freude, die ich zumindest von ihm erwartet hatte. Er bestätigte den Scheck wie jede normale Zahlung und wies uns dann darauf hin, dass ihm noch ein großer Betrag aus dem zurückgehaltenen Geld geschuldet sei. An diesem Punkt schlug ich Clemens vor, dass wir das gleichgültige Opfer den Rest selbst einsammeln lassen sollten. Wolken der Trauer hatten sich um das gesenkte Haupt des Verbrechers gesammelt, seit wir mit ihm angefangen hatten, und mein wankelmütiges Mitgefühl wandte sich von dem Opfer ab, das eigentlich schuld daran war, dass er ihm seine Angelegenheiten so unbedacht überlassen hatte. Clemens stimmte irgendwie mutig zu, und wir ließen die Sache fallen. Er war an Undankbarkeit von denen, denen er half, mehr gewöhnt als ich, der es nicht so amüsant fand, niedergemacht zu werden, wie er meine Auflehnung fand. Er meinte, ich hätte recht, sagte er, und danach, glaube ich, kamen wir nie wieder auf den Vorfall zurück. Es war nicht Undankbarkeit, die ihn jemals störte; es war Verrat, der ihn wirklich so wütend machte, dass er nicht vergeben konnte.

XXIII.

Während des Sommers, den er in York Harbor verbrachte, war ich nur vierzig Minuten entfernt in Kittery Point, und wir sahen uns oft; aber das war vor dem letzten Mal in Riverdale. Er hatte ein breites, niedriges Häuschen in einem Kiefernhain mit Blick auf den York River, und wir saßen immer in einer Ecke der Veranda, die am weitesten von Mrs. Clemens' Fenster entfernt war, wo wir uns gegenseitig unsere Manuskripte vorlesen, unsere Geschichten erzählen und aus vollem Herzen lachen konnten, ohne sie zu stören. Anfangs war sie im Haus herumgekommen, und es gab einen angenehmen Nachmittag, an dem sie uns im Salon Tee machte, aber das war das letzte Mal, dass ich mit ihr sprach. Danach war es wirklich eine Frage, wie man sie am schnellsten und einfachsten nach Riverdale zurückbringen konnte; aber natürlich gab es scheinbare Verzögerungen, während derer es ihr nicht schlechter, sondern ein wenig besser ging, und Clemens konnte an einem Roman arbeiten, den er begonnen hatte. Er hatte sich ein Zimmer im Haus eines Freundes und Nachbarn genommen, eines Fischers und Bootsmanns; es gab einen Tisch, an dem er schreiben konnte, und ein Bett, in dem er sich hinlegen und lesen konnte; und dort, es sei denn, mein Gedächtnis hat mir einen jener konstruktiven Streiche gespielt, zu denen sich das Gedächtnis der Menschen hingibt, las er mir die ersten Kapitel einer bewundernswerten Geschichte vor. Die Handlung spielte in einer Stadt in Missouri und die Charaktere waren so, wie er sie als Junge gekannt hatte; doch so oft ich versuchte, es ihm einzureden, bestritt er, eine solche Geschichte geschrieben zu haben; es ist möglich, dass ich sie geträumt habe, aber ich hoffe, das Manuskript wird noch gefunden. Wenn ich darüber nachdenke, kann ich nicht glauben, dass ich sie geträumt habe, und ich kann nicht glauben, dass es eine Auswirkung der Art von Pseudomnemonik war , die ich erwähnt habe. Die Charaktere des Romans sind in meiner Erinnerung zu klar umrissen, zusammen mit einigen eigenen kritischen Vorbehalten ihnen gegenüber. Er scheint mir nicht nur diese ersten Kapitel vorgelesen zu haben, sondern sie auch mit mir besprochen und die ganze Geschichte umrissen zu haben.

Ich kann nicht sagen, ob er an die Genesung seiner Frau glaubte oder nicht; er kämpfte bis zum Ende gegen die Angst vor ihrem Tod an, denn ihr Leben gehörte ihm weit mehr als das Leben der Frauen der meisten Männer ihr Leben ist. Um sein eigenes Leben hätte er sich, glaube ich, nie viel gekümmert, wenn ich einem Ausspruch von jemandem trauen darf, der so absolut ohne Pose war wie er. Er sagte, er habe nie einen Toten gesehen, den er nicht darum beneidet hätte, dass er es hinter sich gebracht und damit abgeschlossen hatte. Das Leben hatte ihm immer Spaß gemacht, und als das Leben nach dem Abebben seines Kummers wieder aufflammte, interessierte er sich wieder tief für die Welt und die Menschheit, die, obwohl verdammt, voller Themen neugieriger Forschung war. Als die Zeit für die Abfuhr seiner Frau aus dem Hafen von York kam, begleitete ich ihn nach Boston, wo er sich nach dem besten Transportmittel für sie nach New York umsehen wollte. Die Frage nahm ihn in Anspruch: welche Art von Krankenwagen er bekommen könnte; wie man sie zum Bahnhof des Dorfes bringen könnte; wie der Waggon in Boston vom Ostzug abgekoppelt und zum Südzug auf der anderen Seite der Stadt gebracht werden konnte, und wie er dann in New York an den Hudson River-Zug angehängt und in Riverdale abgestellt werden konnte . Es gab kein Detail dieser Angelegenheit, das er nicht genau unter die Lupe nahm und meisterte, nicht nur aus seiner aufrichtigen Sorge um ihr Wohlergehen, sondern auch aus seiner großen Neugier, wie diese ungewöhnlichen Dinge mit den üblichen Mitteln erledigt wurden. Mit der Trägheit, die ein alternder Mann entwickelt, war er es gewohnt, immer mehr Dinge zu delegieren, aber ich merkte, dass er bei dieser Sache nicht das geringste Detail delegieren würde.

Er hatte vorgehabt, nie wieder ins Ausland zu gehen, aber als es Zeit wurde, freute er sich nicht darauf, zurückzukehren; er hatte vor, danach für immer in Florenz zu leben; sie waren an das Leben gewöhnt und waren dort einige Jahre zuvor glücklich gewesen, bevor er mit seiner Frau zum Kuraufenthalt nach Nauheim ging. Aber als er wieder nach Hause kam, war es für immer und für immer. Es war natürlich, dass er in New York leben wollte, wo sie bereits ein angenehmes Jahr in der Tenth Street verbracht hatten. Ich sah ihn dort oft in einem oberen Zimmer, mit Blick nach Süden auf einen ruhigen, offenen Bereich von Hinterhöfen, wo wir unsere Schlachten für die Filipinos und die Buren schlugen, und er führte seinen Feldzug gegen die Missionare in China. Er hatte sich noch nicht angewöhnt, ganze Tage im Bett zu liegen und dort zu lesen und zu schreiben, aber er war viel im Bett, vermutlich aus Schwäche und einfach aus Bequemlichkeit.

Meine Perspektiven sind nicht sehr klar, und bei der Verkürzung der Ereignisse, die bei unserer Rückschau auf die Vergangenheit immer stattfindet, kann es sein, dass ich die Dinge nicht immer richtig time. Aber ich glaube, er begann erst mit mir darüber zu sprechen, seine Autobiographie zu schreiben, nachdem er sein Haus in der Fifth Avenue 21 bezogen hatte. Er meinte, sie sollte eine absolut wahrheitsgetreue Aufzeichnung seines Lebens und seiner Zeit sein; zum ersten Mal in der Literatur sollte es eine wahre Geschichte eines Mannes und eine wahrheitsgetreue Darstellung der Männer geben, die der Mann gekannt hatte. Während wir darüber sprachen, erweiterte sich der Plan in unserer ausgelassenen Fantasie. Wir sagten, es sollte nicht nur ein Buch werden, es sollte eine Bibliothek werden, nicht nur eine Bibliothek, sondern Literatur. Es sollte den Verlust der Welt durch Omars Barbarei in Alexandria wiedergutmachen; es gab kein Bild, das so grotesk, so extravagant war, dass wir nicht damit spielten; und die Arbeit, soweit er sie leistete, war wirklich von kolossalem Ausmaß. Aber eines Tages sagte er, was die Wahrhaftigkeit betraf, war sie ein Reinfall; er hatte begonnen zu lügen, und wenn noch nie ein Mensch die Wahrheit über sich selbst gesagt hätte, dann deshalb, weil es niemand je könnte. Wie weit er mit seiner Autobiographie gekommen war, kann ich nicht sagen. Er diktierte sie mehrere Stunden täglich, und das Publikum hat bereits lange Passagen daraus gesehen und kann sich anhand dieser wahrscheinlich ein Urteil über Aufbau und Inhalt des Ganzen bilden. Die Autobiographie ist ungemein umfassend und hält sich weder an eine Ordnung noch an eine Abfolge. Ob sie jetzt, nach seinem Tod, bald oder später veröffentlicht wird, kann ich nicht wissen. Ein- oder zweimal sagte er vage, sie werde zwanzig Jahre lang nicht veröffentlicht, damit die Unannehmlichkeiten der Publizität für alle Hinterbliebenen so gering wie möglich gehalten würden. Plötzlich sagte er mir, er arbeite nicht daran. Aber ich verstand nicht, ob er sie beendet oder nur liegen gelassen hatte. Ich habe nie gefragt.

Wir wohnten in derselben Stadt, aber für alte Männer ziemlich weit voneinander entfernt, er in der Zehnten Straße und ich in der Siebzigsten, und wegen unserer Erkältungen und anderer Behinderungen sahen wir uns nicht oft. Er erwartete, dass ich zu ihm käme, und ich tat dies nicht, ohne meine Besuche zu erwidern, aber wir hörten nie auf, Freunde zu bleiben, und gute Freunde, soweit ich weiß. Ich scherzte einmal mit ihm darüber, wie ich in seiner Autobiographie ankommen würde, und er beruhigte mich irgendwie im Scherz. Es gab jedoch einen Vorfall, der uns sehr häufig und aktiv zusammenbrachte. Er kam eines Sonntagnachmittags, um mich zu bitten, mit ihm Maxim Gorki zu besuchen, der in einem Hotel ein paar Straßen über meinem wohnte. Wir interessierten uns beide für Gorki, Clemens eher als Revolutionär und ich als Realist, obwohl auch ich dem russischen Zaren Schlechtes wünschte und dem Romanautor alles Gute für seine Mission, die russischen Sympathisanten in dieser Republik zu erreichen. Aber ich hatte die Episode von Kossuths Besuch bei uns und seinem vergeblichen Versuch, 1851 Geld für die ungarische Sache zu sammeln, miterlebt, als wir eine jüngere und edlere Nation waren als heute, mit Herzen, wenn nicht Händen, die den „Unterdrückten Europas" gegenüber aufgeschlossener waren; die Unterdrückten Amerikas, die vier oder fünf Millionen Sklaven, zählten wir nicht. Ich glaubte nicht, dass Gorki das Geld für die Sache der Freiheit in Russland auftreiben könnte, das er zu holen gekommen war; wie ich einem geschätzten Freund von ihm und mir sagte, glaubte ich nicht, dass er 2500 Dollar bekommen könnte, und ich denke jetzt, dass ich die Zahl zu hoch angesetzt hatte. Ich hatte mich bereits geweigert, den allgemeinen Appell seiner Freunde an unsere Prinzipien und Geldbeutel zu unterschreiben, weil ich ihn für so völlig nutzlos hielt, und als das Papier in Gorkis Anwesenheit vorgelegt wurde und Clemens seinen Namen darunter setzte, weigerte ich mich immer noch. Am nächsten Tag wurde Gorki zusammen mit der Frau aus seinem Hotel geworfen, die nicht seine Frau war, die aber, das muss ich sagen, nicht so aussah, als wäre sie es nicht, zumindest nicht für mich, der ich mich allerdings mit diesen Aspekten der menschlichen Natur nicht auskenne.

Ich wäre vielleicht unbemerkt davongekommen, aber Clemens' vertrauter Kopf verriet uns den Reportern, die am Aufzug auf alle warteten, die Gorki besuchen wollten. So kam es zu einer Jagd auf Interviewer, einzeln und gemeinsam. Ich konnte in meinem Hotelapartment abseits bleiben und den Hütern des öffentlichen Rechts, alles zu erfahren, antworten, dass ich nichts über Gorkis häusliche Angelegenheiten zu sagen hatte; denn das öffentliche Interesse hatte sich inzwischen weit von der Revolution entfernt und konzentrierte sich ausschließlich auf diese. Aber bei Clemens war es anders; er lebte in einem Haus mit einer Haustür, die von einem einzigen Butler bewacht wurde, und man klingelte ständig nach ihm. Ich habe vergessen, wie lange die Belagerung dauerte, aber lange genug, dass wir uns darüber amüsieren konnten. Das war der Moment des großen Vesuvausbruchs , und wir dachten, wir wären in Reichweite eines Vulkans, der hin und wieder „einen Kegel absprengte", wie es im Telegramm hieß. Das Dach des großen Marktes in Naples war gerade unter seiner Asche- und Schlackenlast eingebrochen und hatte Hunderte von Menschen erdrückt; und wir fragten uns gegenseitig, ob es uns nicht leid täte, nicht dort gewesen zu sein, wo der Druck weit weniger schrecklich gewesen wäre als bei uns in der Fifth Avenue. Der verbotene Butler kam mit der Nachricht, dass unten einige Herren seien, die Clemens sehen wollten.

„Wie viele?", wollte er wissen.

„Fünf", stotterte der Butler.

„Reporter?"

Der Butler täuschte Unsicherheit vor.

„Was würdest du tun?", fragte er mich.

„Ich wollte sie nicht sehen", sagte ich, und dann ging Clemens direkt zu ihnen hinunter. Wie oder mit welchen Mitteln er ihre Gier besänftigte, kann ich nicht sagen, aber ich glaube, es war durch das Geständnis der genauen Wahrheit, was harmlos genug war. Sie gingen freudig weg, und er kam in strahlender Zufriedenheit darüber zurück, sie gesehen zu haben. Natürlich hatte er Recht und ich Unrecht, und er hatte Recht in dem Streitpunkt zwischen Gorki und denen, die ihn hilflos und mit solch grausamer Schande behandelt hatten. In Amerika ist es nicht üblich, dass Männer offen in Hotels mit Frauen leben, die nicht ihre Ehefrauen sind. Gorki hatte diese Konvention verletzt und musste dafür büßen; und was die Zerstörung seiner

Effizienz als Abgesandter der Revolution anbelangt, war sein Fehler schlimmer als ein Verbrechen.

XXIV.

In die Zeit, in der Clemens in der Fifth Avenue wohnte, fiel seine Blütezeit in weißem Serge. Er war immer ziemlich gleichgültig, was die Kleidung anging, und schon sehr früh in unserer Bekanntschaft versuchten Aldrich und ich, ihn zu bessern, indem wir ihm eine Krawatte kauften. Aber er wollte seine steife kleine schwarze Schleife nicht ablegen, und bis er sich den Anzug aus weißem Serge vorstellte, trug er immer einen Anzug aus schwarzem Serge, dessen Schnitt und Schlabberkleid wirklich beklagenswert war. Nachdem er einmal Maß genommen hatte, weigerte er sich, seine Kleider aus persönlichen Gesprächen mit seinem Schneider anfertigen zu lassen; er ließ sich die Sachen von der freundlichen älteren Dame anfertigen, die seit den ersten Tagen seiner Ehe im Dienste der Familie gestanden hatte, und akzeptierte das Ergebnis ohne Kritik. Aber der weiße Serge war eine Inspiration, der nur wenige Männer den Mut gehabt hätten, nachzufolgen. Das erste Mal, dass ich ihn ihn tragen sah, war bei der Anhörung der Autoren vor dem Kongressausschuss für Urheberrecht in Washington. Nichts hätte dramatischer sein können als die Geste, mit der er seinen langen, weiten Mantel abwarf und von den Füßen bis zum Scheitel seines silbernen Kopfes in Weiß aufstand. Es war ein großartiger Coup, und er liebte Coups von ganzem Herzen; aber die großartige Rede, die er hielt, in der er das ehrwürdige Sammelsurium von Unsinn über Nichteigentum an Ideen, die die Grundlage aller Urheberrechtsgesetze gebildet hatten, in Stücke riss, ließ einen sogar seine Spektakulären vergessen .

Es ist bekannt, wie stolz er auf seine Oxford-Robe war, nicht nur, weil sie die Ehre symbolisierte, die ihm die höchste literarische Körperschaft der Welt zuteil werden ließ, sondern weil sie so prächtig und schön war. Das Rot und das Lavendel des Stoffes schmeichelten seinen Augen, wie es das seidene Schwarz des gleichen Doktortitels der Literaturwissenschaften, der ihm Jahre zuvor in Yale verliehen worden war, nicht vermochte. Seine offene, trotzige Fröhlichkeit darin, gemischt mit einem gehörigen Sinn für Burleske, war etwas, das sich diejenigen, denen seine Dichterseele fehlte, nie vorstellen konnten; sie hielten es für eitel, schwach; aber das hätte ihm nichts ausgemacht, wenn er es gewusst hätte. Während seines London-Aufenthalts hatte er sich die Gewohnheit angeeignet, einen Zylinder zu tragen, und eine Zeit lang schlenderte er prächtig in diesem Symbol der Gesellschaft die Fifth Avenue auf und ab; aber er schien dessen überdrüssig zu werden und kehrte gern zu dem weichen Hut seiner südwestlichen Tradition zurück.

Er mochte keine Clubs; ich weiß nicht, ob er in New York einem angehörte, aber ich habe ihn nie in einem getroffen. Wie ich bereits erzählt habe, hatte er selbst den Human Race Club gegründet, aber da er ihn nie auf die Beine stellen konnte, zählte das kaum. Bei meinem einzigen Besuch in Stormfield im April letzten Jahres hätte es ein Treffen geben sollen; aber von den dreien, die kommen sollten, kam ich allein. Wir kamen wie üblich sehr gut ohne die Abwesenden aus, nachdem wir festgestellt hatten, dass sie im Unrecht waren, und der Besuch war wie die Besuche, die ich vor so vielen Jahren in Hartford bei ihm hatte, aber es gab nicht die alte Gärung der Themen. Viele Dinge waren besprochen und für immer beiseite gelegt worden, aber wir hatten unsere alte Vorliebe für die Natur und füreinander, die wir so unterschiedliche Teile davon waren. Er zeigte sich absolut zufrieden mit seinem Haus, und das war für mich die größere Freude, weil es mein Sohn war, der es entworfen hatte. Der Architekt hatte das Glück gehabt, eine natürliche Allee aus Savins , den dichten , schlanken, zypressenartigen Zedern Neuenglands, von der Rückseite der Villa bis zu einer kleinen Pergola führen zu können, die eines Tages von Weinreben umkränzt und überdacht werden sollte. Doch in den frühen Frühlingstagen lag die ganze Landschaft in der schönen Nacktheit des nördlichen Winters. Sie öffnete sich in der unvergleichlichen Schönheit bewaldeter und wiesenbedeckter Hochebenen unter einem Himmel, der an den ersten Tagen blau und an den letzten grau über einer erst regnerischen und dann schneebedeckten Fläche war. Wir gingen auf und ab, auf und ab zwischen der Terrasse der Villa und der Pergola und unterhielten uns mit der melancholischen Belustigung, der traurigen Toleranz des Alters gegenüber der Art von Menschen und Dingen, die uns früher aufgeregt oder wütend gemacht hatten; jetzt hatten wir Aufruhr und Zorn längst hinter uns. Einmal machten wir zusammen einen Spaziergang über die gelben Weiden zu einem klaffenden Bach auf seinem Grundstück, wo das Eis die lehmigen Ufer noch wie kristallenes Moos zusammenhielt und der Bach weiter unten durch und über die Steine und Eissplitter rauschte. Clemens zeigte mir die Landschaft, die er gekauft hatte, um sich mehr Bewegungsfreiheit zu verschaffen, und zeigte mir das Grundstück, auf dem ich bauen sollte. Am nächsten Tag kamen wir wieder mit dem Geologen, den er gebeten hatte, nach Stormfield zu kommen, um die Felsen zu untersuchen. Er liebte diesen Ort wirklich, obwohl er der Veränderung so überdrüssig und ihr gegenüber so gleichgültig war, dass er ihn nie sah, bis er dort lebte. Er überließ alles dem Architekten, den er seit seiner Kindheit kannte, in der Vertrautheit, die unsere Familien zusammenhielt, obwohl wir körperlich weit genug voneinander entfernt lebten. Ich liebte seine Kleinen und er war lieb zu meinen und ihr entzückter und bewunderter Freund. Immer wieder fiel der schwarze Schatten, der nie von dort verschwinden wird, wo er fällt, in sein und meines Haus während der über vierzig Jahre unserer Freundschaft und machte uns einander immer sympathischer.

XXV.

Mein Besuch in Stormfield endete mit zärtlichem Widerstreben von seiner und meiner Seite. Jeden Morgen, bevor ich mich anzog, hörte ich ihn meinen Namen durch das ganze Haus rufen, aus Spaß und ich weiß, aus Zuneigung; und wenn ich aus der Tür blickte, sah ich ihn in seinem langen Nachthemd den Korridor auf und ab schwanken und seinen großen weißen Kopf schütteln wie ein Junge, der sein Bett verlässt und in der Hoffnung herauskommt, mit jemandem zu spielen . Am letzten Morgen war ein weicher Zuckerschnee gefallen und fiel weiter, und ich fuhr durch ihn zum Bahnhof in der Kutsche, die ihm der Vater seiner Frau geschenkt hatte, als sie frisch verheiratet waren, und die all die Jahre dazwischen in ehrenvoller Zurückgezogenheit für diesen letzten Zweck aufbewahrt worden war. Ihre Federn waren mit der Zeit nicht nachgiebig geworden; sie hatten eher die Steifheit und Strenge des Alters; aber für ihn muss sie tief geschwungen sein wie der süße Wagen des Negro „Spiritual", den ich ihn mit solcher Inbrunst singen hörte, als diese wunderbaren Hymnen der Sklaven ihren Weg nach Norden begannen. „Geh runter, Daniel" war eines, in dem ich jetzt noch seinen zitternden Tenor hören kann. Er liebte die Dinge, die er mochte, und war voller Leidenschaft für sie, die sich darin befriedigte, sie unvergleichlich laut vorzulesen. Niemand konnte „Onkel Remus" so gut vorlesen wie er; seine Stimme hallte wie die Stimmen der schwarzen Krankenschwestern wider, die ihm als Kind die wunderbaren Geschichten erzählten. Ich erinnere mich besonders an seine Begeisterung für Mr. Cables „Old Creole Days" und an die mitreißende Kraft, mit der er dem Bruder des Leprakranken das Verbot erteilte, als die Stadtvermessung den Verlauf einer Allee durch das Häuschen führte, in dem der Leprakranke versteckt lebte: „ Strit darf nicht vorbei!"

Aus einer Natur, die so reich und fruchtbar war wie keine, die ich kenne, und aus dem Material, das ihm das Mysterium gab, das einen Menschen erschafft und ihn dann sich selbst überlässt, schuf er einen Charakter von hohem Adel auf der Grundlage klarer und solider Wahrheit. Am Jüngsten Tag wird er nichts gestehen müssen, denn sein ganzes Leben lang war er das freie Wissen von jedem, der ihn danach fragte. Der Herzensforscher wird ihn an jenem Tag nicht beschämen, denn er versuchte nicht, irgendetwas von dem zu verbergen, was ihm oft so bitter leid tat. Er wusste, wo die Verantwortung lag, und er nahm tapfer seinen Teil davon auf sich; aber nicht weniger furchtlos überließ er den Rest der Antwort dem Gott, der sich die Menschen ausgedacht hatte.

Es ist vergeblich, wenn ich versuche, eine Vorstellung von der Intensität zu vermitteln, mit der er ins Herz des Lebens vordrang, und von der Weitsicht, mit der er die ganze Welt umspannte, nach dem Grund der Dinge suchte und dann damit aufhörte. Wir hatten noch weitere Begegnungen, die unbedeutend traurig und kurz waren; aber das letzte Mal, als ich ihn lebend sah, blieb mir durch den freundlichen, klaren Rechtssinn in Erinnerung, mit dem er die Gewerkschaften als einzige gegenwärtige Hilfe der Schwachen gegen die Starken erklärte und rechtfertigte.

Dann sah ich ihn tot in seinem Sarg liegen, inmitten jener Blumen, mit denen wir unsere Verzweiflung in dieser unbarmherzigen Stunde bekränzt haben. Nachdem die Stimme seines alten Freundes Twichell sich zu dem Gebet erhoben hatte, das er in herzzerreißender Bitte durchbrach, blickte ich einen Augenblick in das Gesicht, das ich so gut kannte; und es war geduldig mit der Geduld, die ich so oft in ihm gesehen hatte: etwas Rätselhaftes, eine große stille Würde, eine Zustimmung zu dem, was sein musste, aus den Tiefen einer Natur, deren tragischer Ernst in dem Lachen ausbrach, das der Unweise für sein ganzes Wesen hielt. Emerson, Longfellow, Lowell, Holmes – ich kannte sie alle und alle anderen unserer Weisen, Dichter, Seher, Kritiker, Humoristen; sie waren einander ähnlich und anderen Literaten ähnlich; aber Clemens war der einzige, unvergleichliche, der Lincoln unserer Literatur.

9 789359 944777

Printed at Repro India Ltd.